俗世奇人

冯骥才／著

作家出版社

叁

图书在版编目（CIP）数据

俗世奇人.3 / 冯骥才 著. -- 北京：作家出版社，2020.1
（2024.4重印）

ISBN 978-7-5212-0874-0

Ⅰ．①俗… Ⅱ．① 冯… Ⅲ．①短篇小说 – 小说集 – 中
国 – 当代 Ⅳ．①I247.7

中国版本图书馆CIP数据核字（2020）第008557号

俗世奇人（叁）

作　　者：冯骥才
责任编辑：钱　英　杨新月
装帧设计：⑤合和工作室
书名、篇目题字：孙伯翔
出版发行：作家出版社有限公司
社　　址：北京农展馆南里10号　　邮　　编：100125
电话传真：86-10-65067186（发行中心及邮购部）
　　　　　86-10-65004079（总编室）
E-mail:zuojia@zuojia.net.cn
http://www.zuojiachubanshe.com
印　　刷：三河市北燕印装有限公司
成品尺寸：152×230
字　　数：106千字
印　　张：12
印　　数：1145001 – 1175000
版　　次：2020年1月第1版
印　　次：2024年4月第21次印刷
ISBN　978-7-5212-0874-0
定　　价：22.00元

目 录

奇人辈出（书前短语）

　　小说《俗世奇人》已经写了两本，缘何又写？因为这两本书为吾乡之奇人搭了一个台。再有奇人冒出，自然一个个蹦上来，都想在台上演一演自己得意的故事。这些人物个个标新立异，又执意太强，叫我不好谢绝。只好上来一个写一个，不觉间又是十八篇，于是有了这本《俗世奇人》（叁）。

　　天津这地方自有特别之处，寻常百姓，茶余饭后，津津乐道者，往往就是乡土异士和市井奇人。他们不崇尚精英，偏爱活在身边的那些非凡的凡人。这些人物的身上也就融入此地百姓集体的好恶，地域性格因之深藏其中。地域性格乃最深刻的地域文化，我对将它挖掘和呈现出来十分着迷。这是我续写本书的另一个缘故。

　　一准会有人问我还会再写下去吗？写作人都是性情中人，最靠不住的是写作人的计划。写作人最好的状态是信马由缰。马，自己的性情与不期而至的灵感；缰，笔也。

2019年11月

怪现状

东光平州学官，子亲品行卑污，久为学水所不齿。日前因买皂鞋店钱千四百文，铺影持取罗谢，不准不给。对债罗证，以私觅官老建发坐，应辟珵率底，官与之有焉。本后諉同代付鞋价了事矣。宜怒中之，怪现状此也。

篇首歌

一本又一本，
一群复一群；
民间奇人涌，
我笔何以禁？

张王李赵刘，
众生非蚁民，
定睛从中看，
人人一尊神。

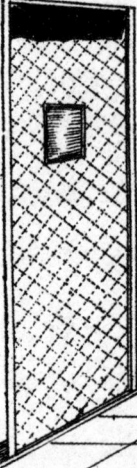

前月十九日奉　旨将憲
催政全局調査局又
統計講習所招集
法政學生官吏多
員按期研究最為
謹所内※成立難僅
一月而宴地研究她非
心從事已者有成
效可見非為政在人行
下效※不能改最行
而為宴從事也各學
員将來從事統計
調查奉數百年
文積弊旦勿廓
清文室為※※
省久大事※顧
他省關而救
六夏久威金
國文大章也

人得政

西園·翰墨林

大塊假我以文章

大关丁

大閥丁

天津是北方头号的水陆码头，什么好吃的都打这儿过，什么好玩的都扎到这儿来。这就把当地的阔少爷们惯坏了。这些少爷个个能吃能玩，会吃会玩，讲吃讲玩，还各有一绝，比方北大关丁家的大少爷丁伯钰。

丁家原本是浙江绍兴的一个望族，燕王扫北来到天津，祖上在北城外南运河边弄到一个肥差——钞关的主事。这差事就是守在河边一坐，南来北往的船只全要向他交钱纳税。不用干活，坐地收钱，眼瞅着金山银山往上长，铜子儿扔着花也花不完。

丁家掌管这钞关在城北，人称北大关；丁家这差事世袭，上辈传下辈，只传家人，不传外人，故人叫他家为"大关丁"。

大关丁虽然有钱有势，可是他家的大少爷丁伯钰却非比常人，绝不是酒囊饭袋。他玩有玩的绝门，吃有吃的各色。

先说玩，他不玩牌不玩鸟不玩狗不玩酒令不玩小脚女人，他瞧不上这些玩烂了的东西。他脑瓜后边还耷拉一根辫子时，就骑着洋人的自行车，城里城外跑，叫全城的人全都傻了眼。

据说李鸿章早就听说，海外洋人全都骑这种东西，在大街上往来如梭。后来李鸿章访美，亲眼瞧见了，大呼神奇，还把自行车称作洋人的"木牛流马"。美国人送他一辆，他不敢一试。他不试，谁还敢试？拿回来一直扔在库房里。丁伯钰听到了，心里好奇，就找租界的朋友，花大价钱由西洋进口一辆，拿回来就骑，开始时不免摔得人仰车翻，但不出半个月，居然在估衣街上晃悠悠地亮了相。这一亮相，满城皆知。半年后，天津卫城里城外，河东水西，大街小道，全见过这位高大壮实的丁大少爷，骑一辆前后两个轱辘的洋车，宛转自如，轻如小燕，飞驰街头。他是头一位骑自行车的天津人，一时成了津门一景。

这种玩法，除去丁大少，谁还能做到——想到，想到——做到？

再说吃。他不爱吃登瀛楼的锅塌里脊不爱吃全聚楼的高丽银鱼不爱吃天丰园的酸沙紫蟹不爱吃德昇楼的炒鲤鱼须子，不爱吃广东馆宁波馆京饭庄和紫竹林洋菜馆所有的名菜。在天津这码头上，天下各种口味一概全有，好吃的东西五花八门。酸的、甜的、咸的、咸甜的、酸甜的、辣的、麻的、怪味的、又臭又香的；黏的、酥的、脆的、软的、松的、滑的、面的、焦的、外焦里嫩的、有咬劲的、愈嚼愈带劲的……这些东西，不光吃不过来，看都看不过来。可是丁大少爷口味个别，他顶爱吃一样，这东西吃不腻吃不够，却并不金贵，也不稀罕，街头巷尾到处见，就是——糖堆。

一串蘸糖的山里红，有嘛吃头？穷人解馋吃的，哄孩子吃的，丫头片子吃的，城中顶尖的阔少爷干嘛偏吃这个？

人笑他"富人穷嘴"，他不在乎。坐着胶皮车穿过估衣街时，只要看到街口有小贩卖糖堆，立时叫停了车，打发车夫去买一根，坐在车上，大口咔哧咔哧嚼起来。这模样城北的人全都见过。别笑人家丁大少阔没阔相。他说过，糖堆就是一两金子一串，他照吃。由此叫人知道，有钱人就是想干嘛就干嘛。丁大少拥着金山银山，偏拿着这街头小吃当命了。谁能？

一次，一位打京城来的阔少爷来拜访他。京津两地虽近在咫尺，脾气秉性、吃法活法，连说话说什么都不同；天津人好说八大家，京城的人张口就是老佛爷。天津这里有钱的王八大二辈，京城那里官大一级压死人。今儿一提糖堆，京城阔少问丁大少："这糖堆在我们京城叫作糖葫芦。老佛爷也爱吃糖葫芦，你可知道？"

丁大少摇头。京城阔少神气起来，笑道："老佛爷吃的糖葫芦是仙品，与你们这儿街头货色可是一天一地了。"随后他顺口又说了一句，"现在京城鼓楼前九龙斋饭庄掌勺的王老五，在御膳房里干过，据说就给老佛爷蘸过糖葫芦。"

京城阔少见自己把津门阔少压住了，心里高兴，不再说糖堆的事，换了话题。其实他也就知道这么一点儿。

可是等京城阔少一走，丁大少马上派两个能人，带许多银子，跑到京城，在鼓楼跟前找到九龙斋，接着找到王老五，跟着把这退了役却正缺钱的御膳房的厨师请到了天津。向来京城里必须托大官来办的事，在天津卫用银子全能办成办好。

这王老五人矮，微胖，小手，小脚，小鼻子，小耳朵，其貌不扬，也不好说话。可是身上透着一点威严。若不是出身名门，抑或身怀绝技，身上绝没有这般神气。待他到丁家院子当中，先支起火炉，架上铁锅，铺好石板和案板，随后把从京城带来的两个大包袱打开，将各种见所未见的干活的家伙，还有花花绿绿、奇香异味的食材，一样一样、有章有法地铺开摆开。这阵势，叫四周围观的男仆女婢全都看傻了眼。丁大少咧开笑嘴，他家当院成了御膳房！

他眼瞅着王老五，一步一步把一串串糖堆做好。他头次见糖堆还能做得这么晶亮悦眼、五彩斑斓、玲珑剔透，好似一串串小花灯。他叫人把蘸好的糖堆送到家中各房，自己挑了新奇俏皮的一串，张口一咬，立时觉得自己已经是老佛爷了。原来做皇上这么有口福。可是皇上能吃到的，他使银子不也照样吃到吗？从此，他只要想吃老佛爷的糖葫芦，就用车把王老五从京城拉来。有一次他还在家摆上一桌糖堆宴，把城中一些吃过见过的大人物全请来。一席过后，便将明里暗里笑话他吃糖堆的臭嘴们全堵了。要说天津卫会吃加上会玩的，大关丁的丁大少顶了天。

渐渐，人们把他家这个有钱有势的称号"大关丁"给了他，称他"大关丁"了。

天底下无论坏事好事不会总在一个人身上，这叫物极必反。庚子年间，天降大祸，朝廷内乱，拳民举事，中外恶斗，跟着是聚在紫竹林里的八国联军血洗了天津老城。大关丁家富得惹眼，便被联军抄得精光，此后他家的摇钱树——钞关也不叫干了。一下子，他从天上掉在了地上。这世上的事很奇怪，活在天上的人掉下来好像绝了路，一直在地上的小老百姓反倒没这感觉，该吃就吃，该睡就睡，该干活就干活。

联军屠城后不久，天就凉下来。大关丁只剩几间没烧毁的破屋子，他一家好几口，饥肠饿肚，睡觉没被，没东西可卖。人劝他借贷他不肯，他不肯背债，他明白背上债就像扛上墓碑，一直到见了阎王爷，才能卸下身来。

一天，他在估衣街上看见一个卖山里红的老乡。他吃了半辈子糖堆，见了山里红哪能不动心。但这次不是心里一动，而是脑筋一动。他口袋只有几个铜子儿，便买了三五十个山里红，又去杂货店买了一小包糖，回家后切果，剔核，熬糖稀，然后从堆在墙角的苇帘中抽出几根苇秆，剥去干皮，露出白秆，截断削尖，穿果蘸糖，拿到街上一卖，都说好吃，顷刻卖光。他攥着钱又去买山里红，买糖，做糖堆，这么来来去去，跑来跑去，快断绝了的一口气就这么一点点缓过来了。

两个月后，大关丁居然有模有样站在估衣街江西会馆对面一条胡同口卖糖堆了。看样子他有几个钱了。天气凉，他居然穿上了一件二大棉袄，头戴无檐毡帽，脚下蹬兔皮里子的一双毡靴。一根裹着厚厚一圈稻草的木杆上，插满红通通的糖堆。估衣街上平日总有几个卖糖堆的，可人嘴挑好的，很快都认大关丁的了。大关丁的糖堆果大，足实透亮，糖裹得又厚又匀，松脆不粘牙；吃他一串，赛别人两串。

快到年底，丁大少手头阔绰些，开始在糖堆上玩起花活，夹豆馅的、裹黑白芝麻的、镶上各种干鲜杂果的，愈做愈好愈奇愈精，天津人吃了多少年的糖堆，还没吃过大关丁这些花样翻新的糖堆。这就奇了，他不过一个玩玩闹闹的少爷，哪儿来的这种能耐？

连大关丁家里的人也不知道大少爷的能耐哪儿来的。谁也没想到，不过是当年御厨王老五在他家当院做糖堆时，他在一边拿眼看到的。怎么选果，除核，做馅，熬糖，夹花，配料，削签，穿果，蘸糖，等等，他全看在眼里。他那时候并无心偷艺，王老五对这好吃的阔少爷也全无戒心。大少爷好奇便问，王老五有问必答。能人对自己的能耐向来守口如瓶，所以王老五在京城没有知音。到了天津卫大少爷这儿，百无禁忌，便开了河。王老五愈说愈得意，可就把一生的诀窍全说给了大少爷。大少爷拿糖堆当命，这些话听了自然全都记住。谁想到王老五当年每句话，今天在大关丁手里全成了真刀真枪。

大关丁过去是吃糖堆，今天是做糖堆。吃糖堆用嘴，做糖堆用心。一旦用心，能耐加倍。他还将山里红改用北边蓟县的，黄枣改用漳州的，苇秆改用白洋淀的。天津是码头，要什么有什么。大关丁亲口吃过老佛爷的糖葫芦，只有知道那个味儿才能做出那个味儿来。天津又有租界，有洋货，他能知道洋人哪样东西好。他把白糖改为荷兰的冰花糖，不单又甜又香，还分外透亮，看上去每个红果外边都像罩个玻璃泡儿。这些法子，一般小贩哪里知道！过年的时候，大关丁做一种特大糖堆，顶上边的一个果儿特别大；他别出心裁，拿橘子瓣、瓜子仁儿、青红丝做成一个虎头，一对葡萄当眼珠子，凶猛又喜人。他给这糖堆取名"花里虎"。虎性阳刚，过年辟邪，过年买东西不怕贵，这一下他的糖堆名扬津门。开始时花里虎限购三支，后来一支也买不上。

这一来，大关丁又站了起来。

他在钞关长大，懂得做事要讲规矩。他每天必走一条路线，起自针市街，东穿估衣街和锅店街，西至大胡同止。天天下午，按时准到。只是刮风、下雨、三伏天不出来。北门里的富人多，想叫他到那儿去卖，被他婉拒。他说他每天做的东西有限，只够估衣街那边的老主顾。他的糖堆是在估衣街上卖出名来的，心里总装着这里的老主顾们。

于是，估衣街上天天能见到他。他富裕起来后，衣装也更像样。小瓜皮帽是用俄国的材料定做的，褂子裤子干干净净。他面有红晕，眸子发光。自己不再担糖堆挑子，专门雇一个人替他担。他大腹便便走在前边，右手不离一根长柄的花鸡毛的掸子。每到一个小胡同口，必朝胡同里边喊一声：

"堆儿——"

天津人卖糖堆，从来不吆喝"糖堆"两个字，只一个

"堆儿——"。

他人高腹圆，嗓门粗，中气足，一声可以直贯胡同深处。如果是死胡同，这个"堆儿"的声音撞到墙还会返回来。

他身上总还有点当年大关丁的派头。

天津人再没人贬他，反而佩服这人。人要阔得起，也得穷得起。阔不糟钱，穷就挣钱。能阔也能穷，世间自称雄。

《醒俗画报》图画

卖地涉讼

賣地涉訟

有懷姜氏前在富刑廳
呈控其夫弟張元太盜
賣墊地一案當經承審
官王丸令提訊張元太
供稱富賣地時已與其
嫂商明使去洋銀二百
餘元並代還債款實非
盜賣等語該民未知
情偽使洋五十元限十
代還債款即平限十
日飭令繳問返地以憑
了結云。

跟

會

今儿，天刚麻糊亮，木头就把两块玉米饼子揣在怀里，急急忙忙赶往东城外的娘娘宫去。其实他整整一夜没合眼，躺在炕上，等着天亮，愈等天亮得愈慢。他今年十八，爹终于答应他去看皇会。过去不敢，怕他出事。皇会年年挤伤挤死人。为这个，官府多次禁会。禁了又开，开了又禁。禁是怕出事，开是不开不行，没皇会像没过年。

天津临海，使船的人多，分外拿这位海神娘娘当回事。娘娘可以保佑出海的人平安无事。海上黑风白浪，弄不好船就翻个儿，一船的人全喂了鱼。故此，天津人吃鱼，吃完上面，把鱼翻过来吃下面时，绝不说"翻过来"，忌讳这个"翻"字，必定要说"划过来"。这个"划"字，就是划船的划。老百姓有老百姓的讲究。

年年三月二十三日娘娘生日，天津人必办娘娘会，一连几日给娘娘烧香叩头，还要把娘娘的雕像从庙里抬出来，满城巡游，散福万家。城里城外上百道花会，全要上街一展才艺，各逞其能，亮出绝活，死卖力气，以示庆贺。一时，商家歇市，万人空巷，争相观赏，举城欢庆。

所谓皇会，是因为乾隆皇帝下江南，路过天津，正赶上娘娘庙出会，看得高兴，赐给各道老会黄马褂、金项圈和两面龙旗。小百姓哪受过皇上的赏赐，一受宠就来了劲儿，从此把花会改称为"皇会"。出会之举也就折腾得一年比一年盛大。倘若家住天津，没看过皇会，那就是白活了。

木头的爹是位行医的大夫，做人做事也如同给病人下药，谨小慎微。在当爹的眼里儿子永远长不大，更何况木头天性木讷，哪敢叫他去看皇会。今年还是别人提醒他，儿子十八了，别总拿绳拴着了，这才放行。

可是木头一出东门，就挤进了人群，待他挤到了娘娘宫前的广场上时，天已大亮。这时候围在广场周围一圈的住房和店面，全让了出来，给各道老会化装打扮，等候出会。各会的用具和仪仗都整整齐齐摆在门外。这些个家伙件件都是上百年的老东西，旗幡伞盖，各样器物，非常好看。木头在人群中挤来挤去，真开了眼。

忽然一个踩跷的人从他前边走来。这人踩在高高的跷上，却如走平地。他抬头看，踩跷这人是个女子，白衣青花，彩带飘垂；头上一圈粉白月季花，把一张俏皮的小脸儿鲜红娇嫩地烘托出来，清眉秀眼，樱桃小嘴，极是俊美。忽然她好像踩到地上的什么，绊了一下，身子一歪，似要跌倒。木头赶紧一托她的胳膊，扶住了她。她直起身子时，扭头朝木头一笑。这一笑算谢了他，神气却仿佛带些娇羞。木头没见过世面，竟然面皮发热低了头，待抬起头来，只见远近各处都有站着一些高高的踩跷的人，但不知哪个是刚才那个踩跷女子了。

大太阳升起，鼓号齐鸣，气氛庄严，出会了。广场上的人潮水一般往娘娘宫那边涌去。木头如在大浪里，自己不使劲，别人也帮他用劲。可是离庙还远着呢，他就被卡在人中间动弹不得。他个子不高，人瘦没劲儿，只能听到前边人呼人叫和鼓乐之声，从攒动的人头上边可以看到一些旗头、吊灯、轿顶、塔尖、花杆从眼前走过；顶稀奇的是给许多人举着的几口铁锅，乌黑奇大，百姓纷纷往锅里扔铜钱，这钱是功德钱；钱落锅中，刷刷如雨。后来他才知道，这是娘娘起驾。各道护驾的老会要走在前头。

每年出会的路线不同，木头不懂，只有跟着人流，叫人推着后背，往前边挤边走。有一阵子，挤来挤去竟把他挤到前边。忽然一些人，穿黄坎肩，扎黄包头，用一根挺粗黄绳子把他拦住。一个黄衣黑脸的大汉朝他厉声喝叫："挤嘛！后退！"这人手里还拿着一面三角形的小黄旗朝他刷地一晃，旗面上绣着三个黑字：黄龙会。原来这也是一道会。专管出会时道路通畅。此时黄龙会好像有极大的权力，人人都得听他们的。

跟着，他看到一道道见所未见的老会，又演又耍，又唱又跳，各逞其能地从眼前走过。每换一道会，换一番风景。旗幡不同，装扮不同，演艺不同，曲调不同，除了皇会哪儿还能见到这样的场面？出会的人强，看会的人也强，很快一些硬胳膊硬膀子的人把他挤到后边，任嘛也看不到了。

今天出会，出了庙门，先往宫北。木头一直被挤到华锦成灯笼铺前，他已经没有劲儿挤到前边去，正心急的时候，一个声音对他说："你想不想到上边去看？那儿正好有个空地方。"

他定睛一瞧，跟他说话的是个中年男子，虽然穿着夹袄，仍显得身强骨壮。这人龇着一口白牙朝他笑。天津这里的水碱大，牙白的人不多。这人手指的地方是一堵矮墙，墙头上边站着四五个看会的人，靠边正好有一小块空地。墙虽不高，可木头上不去。那人说：你踩着我，我送你上去。

木头不肯，但那人豪爽，一条腿蹲下，两手中指交叉起来，手掌朝上，合成一个托儿，放在腿上，他执意叫木头踩在他手掌上。木头拗不过他，刚踩上去，身体离地而起，竟如升天一般，并把他一直举上墙头。

叫木头惊奇的是，宫前一条大街出会的全景，都在眼边子下边。待他忽然想到要谢谢这慨然相助的汉子，汉子却不见了。

若非居高临下，哪里能看清这般出会的阵势。由宫南到宫北，在这窄仄而弯曲的长街上，出会的队伍在黑压压的人群中，五彩缤纷地穿过，有如一条巨大蠕动的长龙。站得高，看得全，连每一道旗幡上写着的老会的名目都看得一清二楚。刘园法鼓的飞钹，百忍老会的陀头和茶催子，同善大乐会吹奏的河洛大乐，西池八仙会唱的鹤龄曲和长寿歌，都叫木头恨不得再多长一双眼一对耳朵，可是没看清楚就走过去了。芥园花音鼓鲜花老会过来时，八抬轿子一般大的鲜花座，装满了五色鲜花，木头看着奇怪，现在这季节哪儿来的菊花杜鹃百合牡丹？这花是假花还是鲜花？只听他身边一个人说："别光看，拿鼻子闻。"说话的声音苍哑厚重。

不等他吸气，浓浓的花香扑面而来。

这时他才看到身边是一位胖胖的老爷子，七十开外，对襟小袄，头扣护耳帽；不是站着，而是坐在墙头上。他这么大岁数，是怎么上到墙上来的？只听这老爷子说："我每年就等这道会。这个节候，养好这些花，到这时候还叫它们都把花开开，可不是凡人能干的。你细听，里边还放着好多虫儿叫唤呢。"然后对木头说："行了，我看完这道老会，该回去了。你能扶我下去吗？"

　　木头是老实人，没想到自己跳下墙之后，怎么再上来。他朝老爷子点了点头，跳下了墙，然后抱着老爷子下来，他也没想到这胖老头比口缸重，往他身上一压，差点把他压趴下，多亏他脚下一用力，老爷子落了地。老爷子谢了他，过后问他：

　　"看几次会了？"

　　"头回。"

　　老爷子笑了笑说："我是玩会的。"然后哑着嗓音说："我告你怎么看会。咱天津会多，一二百道，谁也看不全。你要看哪道会好，就跟着它。它在里边走，你在外边走。"老爷子往人群中一指，接着说："咱天津看会有规矩，人再多，也不能把道全堵死，挨着墙根总留一条窄道儿。你顺着走就是了。好，我该回家吃东西了，快晌午了。"

　　这么快就晌午了？

　　木头谢过老爷子指点，沿着墙边往前走。忽然横向一条胡同拥出一群人，不知何人何事，这群人来势很猛，一下把他冲进街心，一屁股蹲坐在地上，他摔这一跤，有点发蒙。待定神一看，周围全是连蹦带跳的高跷腿子。惊慌中，一个耍高跷的猫腰伸过手，一下把他拉起来。他再一看，竟然是出会前在宫前广场上，那个险些滑倒，被他扶了一下的白衣女子。

这么巧，刚才他扶过她一下，现在她拉他一把。

这时白衣女子也认出他来，竟朝他娇嗔地一努嘴，含羞掩面地跑走。木头有点犯傻，直直地立在一圈踩着高跷腿扭来扭去的各样角色中间。一位围观的人朝他喊："快出来吧，人家是许仙的人，没你的事！"大家一阵哄笑。木头这才明白过来，跑下去，扎到人群里，又钻进巷子里，许久才出来。

等他回到街上，皇会还在一道道接着演。那道高跷会早已经演过去了。不知为什么，此时他心里想看的却只有那道高跷了。他不知这会的会名，只知道演的是《白蛇传》。他想起刚才那胖老爷子说的"跟会"，他打定主意，今儿就跟这道会了。那道会已经走远，只有快步追上。可是快到了北大街出口的地方，混混儿打架，把路堵死。他窝在人群里干着急，急也没用。渐渐日头偏西，他一早从家里出来，已经快一天了。

木头这才感觉到自己肚空腿软，忙把怀里的玉米饼子掏出来吃了；有尿憋着，找个茅厕撒掉。再找个石头台阶上坐一坐，渐渐觉得身子舒服，人精神了，刚好路开，他就来到了大胡同。这一带路宽地阔，是演会的好地方。在重重叠叠的人群中，他一眼看到一处跳高跷的，正是白娘子那道会。他跑过去，却挤不到跟前。幸好高跷高，起码能看见上边一半。远远见白娘子踩着锣鼓点儿，如同云中小燕，随风飘舞，上下翻飞，引来阵阵叫好。这女子竟有这样好的身手！

再往前的行会路线，就是由大胡同，经锅店街，穿估衣街，到针市街了。这一条道两边全是大字号的商铺。大买卖家事先早派人去到一些有名气的老会会所里，拜会头，下帖子，使钱，表示出会那天，一定要截会看会。依照规矩，逢到有人截会，出会的队伍就得停下来；人家截哪道会，哪道会就得给人家好好演一场。这便使木头把白娘子看够。

从围观者议论中，不仅知道了这道会来自葛沽，他们的高跷归属"海下"一派；还懂得了这演白蛇的女子的一招一式是嘛名目，跪又盘又摔又跳又回头又趴地虎，招招惊险、超绝、奇盈、飘逸。尤其那身段扭起来，又强劲又妩媚，叫他惊奇与钦佩。木头愈看愈看不够，这就一直跟到针市街口。

此刻天已近暮，各会的兴致犹然未尽。本地的各会还要随同娘娘的鸾驾入城，出城，回宫，外县献演来的各会走到这里，大都在这里散了。葛沽的高跷自然也撤出了出会的队伍。

木头一直跟在这道高跷会后边，再往西，渐渐僻静。不远的地方是个小院。皇会出会时，周边乡镇的会，在城里没有"会窝子"，都是在城边租一个小院放家伙，再租几间房住人。

木头看他们进一个小院，坐在高凳上解下腿子。再从高凳下来，坐到矮凳上。踩了一天的跷，解下腿子后一时都走不了路，坐在那里喝茶抽烟，歇歇腿脚缓缓劲儿。院里有几个随会而来的本乡妇女侍候他们。把他们脱下来的汗湿的衣服晾在院中的绳子上，大口噗噗地喷了酒，好去汗味儿。

木头不敢进院，一直躲在外边一棵老柳树下，等候那白衣女子出来。他只想看一看这个上了妆无比艳美、妩媚、英武、奇绝的人，落了妆怎样俊秀非凡。

他等着院里的人一个个走出来，却一直没等到她出来。他有点心急。

直到院静人空。一个守门的老人出来关大门时，木头上去问：刚刚那个演白娘子的人呢，怎么没见她出来？

守门人说："最后出来的一个就是呀。"

木头很诧异，说："那是个瘦高结实的汉子，穿青布袄。"

守门人说："正是。"

木头更诧异，说："怎么是个男的？我说的是白娘子
——女的！"

守门人一听一怔，随后笑道："我们高跷会从来不准女
人入会。演女的，全是男扮女装。"

木头还有点不甘心，问道："他是做什么的？"

守门人说："使船的，若不是整天站在船板上晃来晃
去，哪有那么好的腿脚。"

老人说完扭头进门，把门关上。木头站了好一会儿，满
脑袋花花绿绿，还在发蒙。

烟馆何多，大率皆用朝露封门，雏严而私行开设售卖者似不少。近为靠手晚间令心绪恶志手晚间会同禁烟公所员役阳少且带领差役多名，身穿便服有佳客处查拿计，在城四外当场会获烟馆三家，烟客十六八余带回本署严办，外菜将门意掩闭，烟馆封闭。

告縣官

城南葛沽菜市东住着一个半废的人，人称何老三，模样丑怪到头了。大脑袋，梆子头，猩猩一般塌鼻子，老鼠似的小眼珠，下边一张蛤蟆嘴。根本瞧不出年纪，是四十还是五十？脑袋下边却长一个小孩身子。小手小脚，短身短腿，站在桌子后边，谁也看不到他。这小身子支不住那个大脑袋，走起来便一摇三晃。说话的声音没法听，老娘儿们腔儿。瞧瞧，老天爷怎么叫他长成这副模样！

人说武大郎长的就这样。可是人家武大郎有个花容月貌的潘金莲，他四十大几还讨不到老婆。人家武大郎能靠做炊饼养家，何老三却只能到街上找点零碎活儿干，糊糊口。镇上的人把零活儿给他，并非他能干，而是瞧他可怜。他早没了爹娘，一个人活着，至于他为嘛叫"老三"，老三上边还应该有老大老二，可是谁也没见过。反正爹妈活着时候，爹妈养他；爹妈走了，没人管他。

不过，何老三人性不错，菜市东那一带的人也善待他，他挺知情。他住在一间破屋里。没活儿干的时候，常会拿扫帚扫扫街，照看一下街头玩耍的孩子，或帮助邻家把跑出门来的鸡轰回家去。何老三虽丑，但日子一久，人们看惯了，再加上他人好，这一带人便会把一些剩下来的吃的、旧了的穿的，拿给他。每在这时候，人们都是把东西放下就走，不敢看他感激的笑。那咧嘴一笑，好似装鬼吓人。

一天，几个邻人晚饭过后，在街头老柳树下边说闲话。何老三站在一边听。

人们说来说去，就说到一件叫人挠头的事：

葛沽镇的人多，住家的房子全挤在一起，难免磕磕碰碰，人们各有性情，日久总有摩擦。这些摩擦，既非仇，也非恨，却疙疙瘩瘩、别别扭扭。怎么办？

有人说，这种事非偷非抢，也不是谁专横跋扈，欺凌乡里，不好告官。有人说，要是真有一种官，专门调解百姓这种事就好了。可是当官的自己的麻烦都摆不平，谁管他们的事？有人半开玩笑半出主意说，就在每年春天的娘娘会上设一道会，立一假官，谁家有别扭事，谁家对谁家憋着气，就找这假官告状，由这个假官出面，把事解了。可是这假官怎么来了事呢？大伙七口八舌，妙计不绝。开始说的是笑话，笑话愈说愈真。依这些法子，还真能把平日老百姓之间种种怨结，全都顺顺当当解开。但只有一件事没办法——谁当这个假县官？

说到谁当官，大伙就推来推去，没人肯干了。有的说自己不会当官，有的怕人笑话，有的不敢当官，有的怕招人骂。这么一来，反倒愈说愈没办法。大好的事情卡了壳。这当儿，站在一边听闲话的何老三忽然开口说："我来当。"

大伙循声望去，一瞧一怔，随后一阵大笑：这丑东西也想当官？

可是这时前街的万老爷子一席话，叫大家服了。他说："本来咱这法子就是正事歪办，歪打正着，愈不正经，愈不当真，反倒愈能成事。我看何老三当这官最合适！"

这话不单在理，还点破了其中的奥妙。大伙就当作一件正事合计起来。一边把刚才七嘴八舌的话顺了下来，各种妙计也定了下来；一边凑衣料，请这一带针线活最棒的洪裁缝，给何老三量体裁衣，制作官服。何老三身材五短，节省材料，他一身衣服，还用不到别人半身的材料。这官服并不是真官服，是一种戏装，怎么好玩怎么做。亮缎黑袍，当胸是五彩补子，补子上挖镶一个彩色的王八；粉底靴子乌纱帽，帽子两边用螺旋铜丝挑起的帽翅上边，各画一个老钱，一动一颤悠。何老三往身上一穿，笑翻了天，有人笑得在地上打滚，有人还尿了裤子。

打这天开始，菜市东这帮人就以何老三为主角，开始编排演练起这道会来。天天后晌，只要人凑齐了，就把何老三叫来，折腾得兴致勃勃。自打大明永乐年间起，葛沽许多地方都有一道拿手的花会，唯独菜市东没有，故而都说菜市东没能人，这回菜市东要露一手，赚回面子，光照葛沽。

转年三月二十三，何老三上了娘娘会。这道会的会名叫作：告县官。上街出会时，给安排在清平竹马会和长乐高跷会的中间。各道会全要边走边演，从头演到尾；唯独何老三的"告县官"只露一面。当各会又跳又唱一路下来，到了中街的街口，前边的清平竹马会接着往前走，长乐高跷会停下来，中间空出一块空地。跟着锣鼓一响，一个瘦巴巴、秃脑袋、身穿蓝袍的会头走上来，先叫一声"菜市东老会告县官"，跟着扯着脖子喊道："有冤的叫冤，有屈的叫屈，县老爷来了！"

人们一听，奇了。历年从来没有这么一道会，怎么叫老会，又叫"告县官"，哪儿来的县官，谁？

在拥满街口人群的目光里，照见一个奇头怪脸、只有半人高的家伙，摇头晃脑走了出来！这矬，这怪，这丑，这荒唐；是官又不是官，官装是戏装，是谁？跟着有人眼尖，认出是何老三！于是大叫一声"何老三"，立即哄天大笑。其实认出何老三并不难，他除去身上的戏装，只在眉心抹一块戏里丑角脸上白色的豆腐块，完全用不着再化妆，原模原样就足够了！他扮的这是哪出戏哪个官？

更叫人们惊奇的是何老三这个怪家伙，居然还会演戏，是谁传艺给他，还是戏神附体？瞧他一步三晃，头摇，腰摆，胯扭，左一蹦右一跳。两手端着腰圈，上下舞动，脑袋上的老钱帽翅一颤一颤，仿佛随着锣声鼓点。瞧他一举手一投足，一招一式，全都有姿有态。这就把站了满街的人全看傻眼了。

下边便是何老三用他那老娘儿们腔儿，一字一句，好似戏里的道白，说道：

"今儿，本官来到葛沽，专为百姓消解冤怨，摆平不平之事。谁心里不痛快，叫谁惹得不痛快，快快前来告诉本官，本官立马就办。"

这话音刚落，就有一人跑上来，给何老三跪下，说他邻居屠夫马大刀的儿子霸道，那天强亲了他闺女一口。他去找马大刀告状，马大刀非但不揍他儿子，反说："我儿子才十二岁，你闺女九岁，亲一口算嘛。"他不敢惹马大刀，但这事像一口气，憋在他心里一年多，一直咽不下去。

何老三立即传令叫人把马大刀带上来，讯明属实，便说："孩子虽小，不管就是纵容，大了不就去欺侮民女？"然后提高嗓门说："养不教，父之过。押下去，关起来，罚他半天不准出屋！"

马大刀还想争辩，何老三扭过头不理他。马大刀身子有劲儿，四个上来押他的汉子更有劲儿，一动手把他押走。

人居然就这么押走了，据说还真的关进镇里一间小屋，关了足足半天，谁也没见马大刀露面，马大刀还不闹翻了天？何老三真的这么厉害？难道何老三这县官，不是假的是真的？

可是谁知道，人家马大刀关在屋里，比在外边还舒服，还好玩，还快活。屋里有鱼有虾有肉有酒，那几个带他来的人，都是这道"告县官"会里的人，进了屋就给马大刀点烟斟茶，好话哄他，陪他打牌，让他赢钱。只是想尽法子不叫他出去，他也不会出去，有吃有喝有玩多美多乐。完事马大刀到处说："要关老子半个月，老子准长十斤肉。"

马大刀高兴这种假被关，那个告状人却高兴告赢了状。从此怨结全消，相安无事。人们看出这道会的厉害，开着玩笑，热热闹闹，真真假假，就把结在人间的疙瘩解开。官府也没这种本事。从此，菜市东叫人高看一眼，"告县官"名扬葛沽。年年三月二十三娘娘会，"告县官"都必有彩。

更出彩的是何老三。虽然"告县官"每年只露一面，告状的人不同，告状的事不同，但他全能化解了结，说话不偏不倚，合情合理。在葛沽人眼里何老三不单是一位好官，为民做主，疏解小百姓的种种不和；还是一个地地道道的丑角，叫人生爱。他丑，却丑中见美。

可是后来，事情意外生了变化。一位外来到任天津的县官，久闻葛沽娘娘盛会来观看，当看到"告县官"这道会时，脸色沉下来说道："我是县官，告县官是告我吗？"

镇里的官员忙说："不是告您，是向您告状，求大人为民做主。"

这一解释等于说这新来的县官无知。县大人更不高兴，歪个词儿说：

"一县之长能这么丑怪吗？补子上还画个王八！"

说完抬起屁股，出门上轿，起驾回城。

就这么几句话，从此葛沽的娘娘会上，再见不到这道"告县官"。连何老三的影儿也瞧不见了。

愿效
刘伶

南振救育江南昌府某县令姓乾躬亲警着通首大有口饮亡何之概两衙之余最乐坐堂文上语言失故雨云谛笑文声时时不免去

腊之廿七日下午，某衙刘伶愦集团，为遍其醉容可掬適有某铺将某姓在堂阶
富甎其情状可两噔然一笑丢恭脚尖如紫後并座拍案喊打某姓揭願如蒜唤该死官後求知该令尚在醉鄉不恕执笞救萬姓得揭頭鼠竄而去（二）

女杰出现

日前本馆友人在安定门炮局
后看见有两箇年青男子
扔石锁有位大姑娘打那儿
路过扔石锁的说三妹妹活
勤活勤吧姑娘说没有什麽
功夫站住脚步乐了而三
又扔了箇高儿墨接了箇三
丰身儿叫甚麽凤摆荷叶姑
娘说我上街你们哥俩儿练
吧连位姑娘很透外面儿臁
算有尚武的精神（竹园
独京师首善之区
其开化也宜早世
人无识神机管兵
为老朽无物昰定

大裤裆

一个住在大水沟的小子，姓侯，没大名，外号"猴子"。猴子还真像猴子，尖脸鼓眼，瘪嘴噘腮，人瘦人精，又鬼又灵，平日游手好闲，最喜欢做的事是叫人出丑。那一阵子，他跟三岔河口集市上几个变戏法的人较上了劲，想尽损法，使尽邪招，叫几个由外地来没能耐、混吃混喝、连蒙带唬的，泄了底，穿了帮，砸了锅，卷包走人。

可是，自来三岔河口那块地界嘛人都有，江湖卖艺，有真有假；假的瞒天过海，真的藏龙卧虎。于是在变戏法的艺人中间，有三位叫他费了劲儿，怎么也破不了人家的阵法。人说他是变戏法的克星，可在这三位面前，魔高一尺道高一丈，就说不好谁能把谁克死了。

这三位中，第一位是快手刘。他只玩一样——小碗扣球。两个白瓷小碗，五个透明的玻璃球。只要他把这几个玻璃球扣在小碗下边，便谁也弄不清这两个小碗各扣着几个球。谁猜也猜不对，怎么猜都猜错；人家快手刘说是几个就几个。明明白白球儿们在这个小碗下边，快手刘那张肥嘟嘟的胖脸一甩，就全跑到另一个小碗底下了。

三岔河口变戏法的全都"撂地"。撂地不易，他在空地中间变，四周站一圈人，前后左右全是眼睛，一个小闪失，叫人逮个正着。手再快，不如眼快。只有快手刘的手比眼快。

但再快也没有猴子的脑子快。

一天，快手刘正变戏法，猴子打人群中走出来，一直到场子中心，双腿一盘坐在地上。他叫快手刘把那两个小碗，放在他身子左右一丈远的地方。再叫快手刘在他左边的小碗下边扣三个球，右边小碗下边扣两个球。快手刘全照他的意思做了。完事，他对快手刘说：

"你有没有能耐把这左右两边碗下的球，换一个儿；左边变成两个，右边变成三个？"

说完他嘻嘻笑，等着看快手刘没辙，认栽，当众现丑。

周围众人心想，猴子这一招挺绝，他坐在那里，挡在两个小碗中央，任你呼风唤雨，小球也没法过去。

谁料快手刘笑道："你把球都放在你兜里了，叫我咋变？"

这话叫众人蒙了，也叫猴子蒙了。他用手一掏兜，往外一拿，五个球竟然都在衣兜里。他纳闷了，自己一直与快手刘相隔三尺远，球怎么会跑到自己的兜里？这又是在成心地奚落自己！

众人笑了起来。猴子丢尽脸面，赶紧起身跑了，从此再没有在快手刘这边露面。

第二位是仙绳李。这位玩的更简单，只一根红色的细绳子，三尺长短，但在仙绳李的手上，好像在神仙手上。说来就来，说去就去，千变万化，出神入化。他把这绳往上一抛，竟然没再落下来，跑哪儿去了？他说是给"七仙女拿走了"；可是他在场子里走来走去，口中不断数落七仙女拿他的东西，忽然低头看到地上有一个绳头，他猫下腰用手捏住绳头，一下拉了出来，竟然就是他的红绳，他说这是"七仙女叫土行孙给我送回来了"。

这本事不佩服不行，全是大太阳下边，众人亲眼所见。

一天，猴子拿一把亮闪闪的剪子走上去，伸手将仙绳李手里的绳子抓过来，使剪子剪成碎段，然后塞进自己嘴里，再一口口吞进肚里，这回看你仙绳李怎么办？仙绳李站在旁边，嘛也没说，突然用手指伸进猴子左边的耳朵眼里一抠，再往外一抻，居然一点点把那根红绳完完整整抻了出来。叫猴子当场栽了，从这天起，他也没再敢到仙绳李这边来。

至于第三位，名字可不大好听——大裤裆。

大裤裆没名没姓，就这一个绰号。他长脸平头大个子，夏天一条单袍，冬天一条棉袍，上边齐脖，下边蹭地，两个袖口压在手腕上。他说话山东腔，一听就是外来谋生的。人住在北大关，无亲无友，家里家外一个人。人说他无亲，是因为靠变戏法赚那点钱，只够喂自己的脑袋，没法养家；无友是因为戏法就靠一点诀窍，不能叫旁人知道。他出门去变戏法，嘛也不带，只一件长袍大褂，可是别小看这袍子，里边要嘛有嘛。饿了凭空变出一套煎饼果子，或一大碗浇卤的捞面，渴了变一壶热茶。下雨还能变出一把油纸伞，撑起来回家。

袍子下边怎么能变出来这些东西？这些东西搁在哪儿，裤裆里边吗？大裤裆的名字就是这么来的。

一天，大裤裆变着戏法，忽听那边有人叫喊卖鱼卖鱼，应声说了一句："鱼是好东西，咱们也来一条，还得是活的！"说着弯身一撩棉袍，居然双手捧出一个又大又圆又亮的玻璃缸，盛满清水，里边一条大红金鱼游来游去！这一下，惊了三岔河口。打这天起，他一摞地，总是里三层外三层围一圈人；每天收摊之前，必得从袍子下边变出这缸清水大活鱼，人们才肯散。

这一来，叫猴子盯上了。猴子想了七天七夜，终于想出一个奇招，也是坏招。他抓一只独眼野猫，在家里饿三天，直饿得眼睛发蓝，然后抱到三岔河口。见大裤裆正变戏法，悄悄溜到大裤裆身后，趁他不留意，掀开他的大棉袍，把那只独眼饿猫塞进去。跟着就见大裤裆的棉袍翻腾起来，像七八只兔子在里边乱跳乱撞。不知怎么回事，猴子暗暗心喜，心想这野猫饿急了，还不大餐活鱼？

可这时只听大裤裆对着自己的裤裆下边说道："我是想给诸位看客烧盆炭火暖暖身子，你来闹嘛？"说着，一提棉袍，下边竟然钻出一只猫，浑身冒着浓烟，嗷嗷地叫，狂奔而去。

大裤裆哈哈一笑，紧接着弯腰从棉袍下边捧出一样东西，但这次不是清水活鱼，而是蹿着火苗的大炭盆！大裤裆说："天太冷，大家给我面子，站在这儿挨冻受凉，快快过来烤烤火。"

炭盆烧得旺，火苗一尺长。这东西怎么能在袍子里边？大裤裆笑呵呵，回过头找猴子，想给他送上一句损话，猴子早溜号了。

这一手，引得老城里的一位秀才吟出一首诗来：

> 火盆鱼缸善掩藏，
>
> 能拘五鬼话荒唐，
>
> 偷桃摘豆真灵妙，

　　第一功夫在裤裆。

　　"大裤裆"原是他的外号，从此成了响当当的艺名。

　　可是，这一次猴子认栽不认头，人家快手刘和仙绳李，东西简单能耐大。你不就一个大袍子大裤裆吗？谁不知道变戏法变出来的东西都在自己身上？他恨不得当众把大裤裆的袍子拽下来，揭开老底，叫大裤裆一头扎进白河。他想了许久，忽有妙法，就是爬上房，揭开瓦，一眼把大裤裆的老底看穿，叫天下大白，于是他趁大裤裆还在三岔河口变戏法时，就跑到北大关，悄悄爬到大裤裆的房子上，在屋顶正中，揭开瓦片，扒开一个洞口。等到天擦黑时，大裤裆一如往日，穿着袍子回到家，先坐下来歇着，可是一歇歇了半天。猴子在屋顶已经趴了两个时辰，屋瓦不平，他肉少骨多，硌得难受，正想放弃，忽见大裤裆站起身子，动手解衣宽衣。

　　猴子大喜，以为马上就要看破玄机，谁料大裤裆把袍子上下扣子解开，落帆一般脱下来，竟然清清爽爽，里边是简简单单的粗布衣裤，别的任嘛没有。猴子以为自己花了眼，花了眼才应该看见大裤裆浑身挂满了东西呢！

　　这一下，差点叫猴子从房顶滚下来，顾不得脚下响动，带着一堆碎瓦跳下来跑掉，生怕叫大裤裆逮着。

多年后，事情早都过去，人家大裤裆早不干了，回山东老家了。猴子与一位住在街北见多识广的老者聊天时，说出一直搁在心里的这事，他困惑不解。没想到这老者微微一笑，对他道破这里边真正的天机。老者说：

"其实，人家大裤裆那天在屋里仍是在变戏法，他知道你在房顶上边偷看。那是人家给你一人变的，你该谢谢人家才是。"

太平街姜李氏案前表和平
了结之说兹阅审判厅於
前旱又复将一千人等傅
案讯究有何详情外间
尚不得知惟闻已将张晓
峯送交涤良所矣姜廷
珍交涤明做就合厢富
尝辟郊外养之平李家之
气焰云熄张晓峯者此案
大罪魁也闻勒兇平李氏之
文罪魁也将张移于青镇为
避罪之地然勒姜文蕞谋
先巳将张移于青镇为
久矣此亦一勒毙之确証
也终荆张之罪大奚武

粒
立

兒

粒儿是刘磕巴的闺女。

刘磕巴叫刘八。刘八磕巴。人们当面叫他刘八，背地称他刘磕巴。

刘磕巴老婆没了，和闺女粒儿相依为命。他在三岔河口开个小吃铺，只卖一种吃的——嘎巴菜。人们背地又称他的嘎巴菜为磕巴菜。

刘八磕巴得厉害，铺子里待人接客的事就全归到粒儿身上了。

粒儿打小眼睛刚看见桌面时，就帮她爹端碗扫地，搬凳挪桌，张罗客人，一直忙到了十九，还在忙。现在忙还为了一件事，为了自己的嫁妆。邻家一位教私塾的郭先生，看粒儿这姑娘好，能干、乖巧又实在，要给儿子娶过来当媳妇。郭先生知道刘八的家境差，不叫刘八花钱，可嫁闺女哪能没有陪嫁？这就得拼力气干活，多赚点钱。

刘八的小铺子在河边两条小街的交叉口，人来人往，是开店的好地方。他只一间屋住人，屋外支一个棚子，支锅架案，再摆上几套桌子凳子，就是小铺了。夏天里，是个食摊；冬天外边一围席子，把冷风挡在外边，就是小吃店。

嘎巴菜不过是把煎饼切碎煮了，上边放些佐料，可天
津人做小吃很用脑子，东西不贵却好吃解馋。刘八这小吃店
虽然连个名号也没有，但整天人来人去很少闲着。河边都是
船工脚夫，饿了就来要一碗，热热乎乎，连嚼带喝，有滋有
味，吃饱便走。

一天，来了两个穿长衫的人，这种小摊小铺很少来这
种打扮的客人，衣衫讲究，细皮嫩肉，举手投足都斯文，
斯文是学不来的，尤其那略高略瘦的一位，眉清目朗，脸上
带笑，还向四边看个不停，看什么都新鲜好奇。说是做买卖
的，不像，做买卖的人都装阔，牛气十足。说是念书人，倒
沾边儿，尤其瘦高这位，手里拿着一把折扇，时而打开，时
而合上，檀木扇骨，丝线穗子，一面题诗，一面有画，挺讲
究。

两人进了店铺择了靠外的一张桌，粒儿立刻像只小鸟飞
至桌前，问他们吃什么吃多少。执扇这人抬眼一看粒儿，眼
睛一亮。粒儿是人见人喜欢的姑娘。别看不是大家闺秀，不
是金枝玉叶，不擦胭脂抹粉，没有千娇百媚和花容月貌，却
清纯得如小花小树、小兔小鸟。天天干活，不瘦不弱；风吹
日晒，脸蛋通红。长在老爹身边，总是乖女；迎客待客，周
到和气。看这姑娘的长相，应是地道天津的闺女，唯有弯弯

眼角，鼻儿微翘，下巴略尖，透出一点江南模样。人说粒儿她娘是扬州人。

粒儿粗衣布带，褪了色一条红布带子扎在腰上，黑黑发辫盘在头顶，别头发的"簪子"是一段带花的桃枝，可这股子真纯和天然的劲儿，能把这世上金的银的全压在下边。

二位客人刚点了吃的，粒儿即刻把嘎巴菜送来。执扇那人问她：

"姑娘，我看你这儿人来人去，每人要的东西不同，你都记得一清二楚，不会乱吗？"

"我爹说，用心就乱不了。"粒儿说。

执扇人点头说："这话说得好。"顺口一吃，便说："你家这嘎巴菜味道特殊，比我上次在城里吃的好得多。"

"是我爹做得细心。米浆要熬得稀稠合度，煎饼要烤得只焦不糊，葱花、菜叶、辣椒，都是我爹精选的，你们要吃着哪点不对口，我去跟我爹说。"粒儿说。

"难怪你爹，这点小吃还这么用心用力。"

"我爹说，东西不贵，口味就更不能差。差了就等于骗人家钱。"

粒儿说完，一笑便去，却叫这执扇人十分感叹。真正的好人原来都在民间。

一会儿两人吃完，执扇人叫同来的人掏出二十个铜子儿码在桌上。粒儿来收碗敛钱，一看这么多钱，是两碗嘎巴菜的十倍，慌忙摇着两只又厚又红的小手，连说不能要。执扇人执意要给，转身就要走了。粒儿只好把爹叫来。

谁料刘八来了也是摇手不要。他是磕巴，愈急愈想说，就愈说不出话来。执扇人忽问刘八："我听你叫这闺女粒儿，她大名叫什么？"

刘八听了，只摇头。

逢到刘八说不出话来时，都是粒儿代说。粒儿说：

"我没大名，就叫粒儿。"

"粒儿这名字特别，为什么叫粒儿呢？"

粒儿眉头皱起来，似有难言之隐，但对方诚心问，她还是说了出来。原来她娘生她时是难产，肚子没食，身子没劲儿，眼看要憋死在她娘肚子里。多亏她爹从锅底抠下一些饭粒，塞在她娘嘴里，才把她生出来。完事她娘力尽气绝。她爹感谢那些救她一命的饭粒，便给她取名粒儿。

粒儿说到这儿，已哽咽无声，流下眼泪。

执扇人动了性情，便对刘八说："我喜欢这孩子，收她做干闺女了。我知道今儿这些钱你们绝不会要，我收起来就是了。以后你们碰到什么难处，只管来找我。我住在京城。"

粒儿说："京城那么大，到哪儿去找？"

执扇人想了想，笑道："你们就去找台阶最高的房子，找到台阶最高的房子就找到我。门口的要是不让你进去，你拿这把扇子给他们看——"他把手中那把金贵的扇子递给了粒儿，说："他们自然会叫你见我。"

说完话，两人告辞而去。

这事听了像笑话，手中的扇子却非虚妄。细看扇骨，精雕细镂，还镶牙填玉，非同寻常。这两人是谁呢，看样子富贵得很，可是这样人怎么会到这小吃摊上吃嘎巴菜，又怎么肯认粒儿这个穷丫头当干闺女？这事没处去问。爷儿俩不识字，扇面上的字全不认得。他们也不敢把这没头没脑的事告诉旁人，连对那位"亲家"——教私塾的郭先生也不敢提起，只把这扇子好好地藏起来，有事再说。

一年后，粒儿没嫁，还没凑上嫁妆。爷儿俩再三合计后便去了京城，寻找粒儿那位不知姓名的干爹。心里的目标清清楚楚，就是去找台阶最高的房子。可是爷儿俩到了京城，转了三天，转得头晕眼花，京城到处高台阶，怎么找？粒儿聪明，她说："爹啊，咱得数台阶呀，不数怎么知道哪个房子台阶最高？"于是两人就在京城数台阶，数到第七天，终

于数到一座台阶最高的深宅大院。门口站着不少执枪挎刀的
兵弁。刘八望着这房子，倒吸一口气说：

"妈呀，这别是皇上住的地方吧。"

粒儿不怕，找干爹有嘛可怕？她走过去对兵弁说，她要
见她干爹。她说的事听起来，好似有鼻子有眼儿，又似没头
没脑。人家听不明白，可她拿出来的折扇却是实实在在的。
守门的官兵收了折扇，问清她在京城的住处，叫她回去听信
儿。

爷儿俩在小客栈等到第三天晌午，还是没信儿，出门
吃饭回来，客栈老板却迎上来问他们在京城惹了嘛事。再
一说，原来刚刚来了四个官差寻他们，嘛事没说，可样子挺
凶。

爷儿俩从没惹过官，一听不好，浑身发凉。本来去年
那个认干闺女的事就来得蹊跷，别出什么祸事。爷儿俩一合
计，赶紧退房回津。

京城离天津二百多里，爷儿俩不敢搭车，不走大道走小
路，走了三天多才回到家。到家听邻居说，头一天县衙门也
来人找他们，还说不论谁见到他们，都要赶紧告官。刘八觉
得好像官府在通缉他们。邻居问他们犯了嘛事，他们说不明
白，不单刘磕巴吓得说不出话来，粒儿也说不明白。反正沾

了官，祸无边。眼下情形吓人，还是三十六计走为上。

刘八说，一个人好躲，两个人难藏。粒儿姑姑家有个表姐出家在西城外一个小尼姑庵里，四边是水，很是清静，便把粒儿送到那里躲一躲，自己藏身到芦台镇一个远亲家中。

事情并没这样就消停下来。据说一天忽然来一帮官家的人，打鼓敲锣，来到西城外小尼姑庵，在门前竖起梯子给小庙挂匾，木匾青底金字：皇姑庵。字写得端庄稳重。嘛叫皇姑？皇上的姐妹吧。这帮人还抬来一个轿子，一位官差嚷着说当今皇上要接粒儿进京。

谁也不知这是嘛事。

庙门吱呀一开，打里边走出一个剃度过的姑子，四十多岁，穿一件素色袈裟，并非粒儿。她说小庙里只她一人。那个叫粒儿的姑娘在这里借宿几天，便被她爹接走。去了哪里，只有天知地知。

从此这小尼姑庵倒有了"皇姑庵"一名，皇上挂了匾，谁也不能摘。但为嘛叫皇姑，渐渐更没人能说清楚。

背夫潜逃

殴案送厅

西头永明寺
因何與韓恩
王得勝不知
王得勝顧恩紫互毆
木傷顏顱
經三局二區
木傷甚重即
長警將兩造
節向轉送審
將韓恩祥
刑廳訊明、
轉恩案官
伊候辦案
定。

崔家炮

崔家炮

要说烟花火炮，上栗、萍乡、浏阳、醴陵造的都好。天津卫是南来北往的码头，这些地方的花炮全都见过，但是天津人不玩外地的花炮，只玩自己造的。天津人造的烟花，叫你看花眼；天津人造的炮仗，赛过洋人的炸弹。造炮是凶烈的事，不能在人多聚众的老城内，只能在荒郊野外的村子里。其中造炮最好的村子，人人都知道是静海县沿庄镇的崔家庄。

崔家庄全姓崔，是个老村子，可是人很少，一半人造炮时炸死了。活下来的人全是虎性豹胆，拿死当玩，个个草莽英雄；这因为炮仗厉害，造炮的人就得比炮仗还厉害，才压得住。

崔家庄造炮，头一号是崔黑子。他家老祖宗，就知道把荒地里地皮上结成的白花花的火硝抠下来，加些硫磺木炭就是火药。他家造的炮仗能开山炸石。人称崔家炮。

崔黑子有三个儿子，老二十六岁那年，躺在当院一堆麻雷子上睡晌午觉，突然这堆麻雷子无缘无故地炸了，把老二炸散了，没留下整尸首。

崔黑子剩下这两个儿子，老大和老三。老大三十，一直光棍，没人肯嫁到他家来，怕炸死。他家连地上的黄土里都混着火药面子，空气里飘着硝，谁能不怕？他这黑头黑脸，就是给火药炸出来的。他家老三小，只有十三岁，身上有残。小时候，崔黑子修屋顶，一不小心斧头掉了下来，砸到地上石头，迸出火花，引爆了墙根的半袋硫磺，炸去了半间屋子，还炸掉老三左边的耳朵，伤了一条腿；给老三留下两样残，一是一边耳聋，一是一走一瘸一拐。

造炮的人只两件事：一是造炮，一是卖炮。卖炮更要紧。这因为，只有自己才知道自己的炮好在哪儿，自己卖才能卖好。崔黑子年岁大了，造炮的事他盯着，卖炮的事全归了两个儿子。每到腊月，小儿子崔老三到村口的集市上去卖，大儿子崔老大到天津娘娘宫的福神街去卖。

要知道崔家炮多厉害，人多厉害，还得看他们哥儿俩怎么卖炮。论模样，这哥儿俩不像一个娘生的。老大像头虎，老三像只猫，可是卖起炮来就难说谁更厉害。

静海这边一进腊月，三天一集。赶集这天，崔家庄的人都把造好的鞭炮从家里搬出来，装满一车，上面盖一床辟邪的大红棉被。把车赶到庄子外边的青龙河边，停在高高的岸上，一排老柳树的下边。青龙河通着子牙河，一到秋后水就干了，冻得硬邦邦的河床便是炮市。各家的人拿着自家的鞭炮,从河堤跑下来,到河床上大放特放,相互比试,彼此较劲;买炮的人站在河堤上,去看去选去买。各地的鞭炮贩子也挤在人群里,好像看大戏。

静海造炮名气最大的是沿庄镇,造炮的村子至少二三十个,每年一到这时候,全赶着大车到青龙河这边来比炮卖炮。真要比起炮来,谁服谁?那些小子们,把单个的大炮别在腰带上,手执一根杆子,上头拴一挂长长的大红雷子鞭,一丈长短,点着药信子,从河堤奔下来;一边叫喊,一边挥杆,把拴在杆子上的长鞭挥舞得像火轮,雷子炸,硝烟冒,纸屑飞;跑到河床中央时,仍不停地挥杆舞鞭,吼叫震天,一个比一个英武。他们这么挥杆舞炮,不单是耍威,更是要显示自家编鞭用的麻茎子多结实。鞭炮编得牢,才能不断火。

每在这时候,只要崔家老三一出场,人全静下来,等着他亮绝活。还不觉都把耳朵眼里的棉花塞紧一点,崔家炮震得耳朵疼。来青龙河炮市的人,连拉车的牲口,耳朵眼里全得塞着大团的棉花。

崔家老三不像英雄好汉,不足五尺,又瘦又小,身上套一条长棉袍,松松软软,像只猫,而且是病猫;灰灰小脸,眼小无神,头上扣顶毡帽,两耳戴着耳套。耳套皮里,滋出长毛。他出场与别人不同，不喊不叫，只是慢慢腾腾走到河床中央，放一挂鞭或几个炮，完事就走，跟着他家运来的几车鞭炮，顷刻被争抢一空。而只要老三把炮放完，别人家的鞭炮就像老牛放屁了。

去年，老三从河堤上走下来时，手提一挂鞭，奇小无比，看上去像一串豆芽菜。这么小的鞭能有多大的劲儿？可一点着，如同洋枪的炸子儿，声音刚劲清烈，往耳朵里钻。这才是真正的"钢鞭"！

可就这时，一个结结实实的胖小子，穿一件藏青短袄，光着脑袋，站在他对面，手握一根又长又粗的榆木杆子，挑着一串雷子鞭。没人见过那么大的雷子鞭，像一串黄瓜。胖小子二话没说，点着药信子，这一挂鞭响完，浓烟散去，老三不见了。有人说老三回村了，有人说老三给炸飞了。

事后，这胖小子的事就传说得愈来愈多，愈来愈神。人说这小子是河北大城那边的人，姓蔡，人称蔡胖儿。世家造炮，运销关外，连老毛子过年都放他家的炮，其实人家老毛子过年根本不放炮。还有人说，他家军队里有人，火药都是做炮弹用的，他家的炮装上铁皮就是炮弹。愈说愈神，快把崔家炮说没了。

今年青龙河的炮市，没见崔家老三。蔡家胖小子却神气十足地来了，当场放一挂鞭，更大更响，正威风时，只见崔老三从河堤上慢慢腾腾走下来。神气悠闲，好赛散步遛弯儿。他左边耳朵聋，不怕响，所以左手提一挂鞭。这鞭特别，一挂只有二尺多，总共才十一头，头儿不算大，好似胡萝卜。嘿嘿，一串胡萝卜！人家崔老三有备而来，这串胡萝卜肯定非比寻常。

崔老三刚刚下了河堤，一上河床，就把手里的这挂鞭点着，第一声好比炸弹，声如巨雷，惊动了河堤上拉车的牲口，有的牲口拉着车冲下河堤。崔老三人小，手中的鞭离地面近，随着剧烈的爆炸激起一阵黄土。这鞭响得慢，他每走一步，炸一头鞭，发一声巨响，扬一阵黄土；他像从地雷阵里一步步走来。他走了十一步，一直走到蔡家胖小子身前，最后一响炸在蔡胖儿跟前，把蔡家胖小子吓得一蹦。大家定神再看，老三身后十一个坑，每个坑里都能蹲一个人。人们都看傻看呆。

忽然蔡胖儿两手捂着耳朵大叫起来，他耳朵听不见了。

以后青龙河这边再没见过蔡胖儿。崔老三这挂鞭出了名，叫"十一响"。天津水师营乃至大沽炮台过年时，都买这挂鞭。

天津老城这边的炮市在城外宫前大街。

每到过年，城里人家用的香烛、绒花、衣帽、摆饰、神像、供品、年糕、瓜果、盆花、水仙、糕点、零食、美酒、年画、灯笼、对联、耍货、大小福字，等等，摆满了这条街所有店铺的店里店外。唯有鞭炮，单放在官北杨家大院旁边一条横街——福神街上。这缘故，一是天津卫买卖人多，买卖人特别在乎辟邪求吉用的鞭炮，用量极大，必须专辟市场；二是炮市怕火，易生意外，单放在一处为宜。

福神街太窄，炮市就极特别。只能一边靠墙摆炮摊，一边走人。说是炮摊，其实就是炮堆。下边是整捆的大炮、两响、烟花盒子，等等，码起来，像一座座小山；炮山上边是大大小小各种各样花花绿绿的烟花炮仗。江西和湖南的鞭炮贩子也来抢生意，看上去这炮市就像花炮业的一个擂台。炮仗多用大红，一条街全是大红色。可是街口一块最惹眼、最抢先、最宽绰的地界，打乾隆年间就叫崔黑子家占了。依照官前大街的规矩，一入腊月，老崔家就在这街口的墙上贴一块红纸，写上"年年在此"四个字，还落了"沿庄镇崔"的款儿，谁也不敢再占这块地界。

崔家只卖两样，一鞭一炮，炮是两响，鞭是雷子鞭。他家炮摊两边各立一根胳膊粗的竹竿，竹竿上端拴一挂大雷子鞭，两丈多长，把竹竿压成弓，下边一半垂在地上，中间挂一个大红木条，墨笔写着"足数万头"。天津人都知道鞭炮是静海崔家的最好。筒儿圆，火药足，引子挺，声音浑厚清亮，从没有一个"哑巴"和臭子儿。

当年崔黑子在这儿摆摊卖炮时，炮市不准放炮。哪怕一个火星子落进炮市，就是山崩地裂，起火死人。道光那年一位阔老爷在炮市里来了兴致，非要当场放一个"黄烟带炮"，老爷有钱，财大气粗，结果引着了炮摊，十多个水会死命来救，还是烧毁了半条街；官司打下来，叫这阔老爷赔得倾家荡产，成了穷光蛋。从那时起，没人再敢在福神街上放炮。可是炮不放怎么知道好坏？

直到崔黑子岁数大了，崔老大接过他爹的事，他在福神街街口上一站，偏要放炮不可。他敢，他也能。他当众给人演了一手放两响的绝活——

两响一个纸筒，上下两截，一截一响。药引子在下边一截。一般人放两响，先捏着上半截，点着药引子后，下半截先炸，这是一响。上半截借力飞上去，在很高的空中炸开，又一响。放两响必得用手拿着放，要点胆儿。可是，没人敢在福神街上放，下半截飞出手后，万一飞偏，落进了炮摊，不全毁了？

崔老大的绝招是把两响全攥在手里放。

他先用左手握住上半截，点着药引子，叫下半截在左手上炸掉；再把炸开了花的下半截倒给右手，紧紧握住，露出上半截。两响里边上下两截有药捻子连着。倒手之间，药捻子正好烧到上半截，这上半截就在右手上炸开。这样一来，左右两手，一手一响，全都响在手上，绝不会飞到任何地方。

谁见过这样放两响？崔老大凭这一招，叫城里人看到了货真价实的崔家炮，也服了崔家炮。

可是人有能耐，就有人忌恨；有人叫好，就有人使坏。崔老大向来把用来演示给人看的两响，放在身后的小桌上。没想到叫人悄悄用针锥扎透了膛，上下两截变成一截，两响变成一响。崔老大哪会知道，待他随手从身后小桌上拿起一个两响，手里握紧上半截，用香头一点药引子，上下立时一块炸了。崔家炮凶，两响一块炸更凶，这一下手掌炸烂，大拇指飞上屋顶。

不久，福神街却传出一句话：

"这沿庄镇的两响不能买，两响里边火药连着，弄不好要人命！"

脊梁要是这么给压断，就不叫脊梁。

转年冬天，福神街街口的墙上，竟然又贴出沿庄镇老崔家"年年在此"的帖子。腊月十五那天，崔老大依然笑呵呵摆上了炮摊，两边支起那两根挑着"足数万头"雷子鞭的大竹竿。崔老大嘴巴鼓鼓，印堂发亮，红光满面，倒像是胖了。只是左手少了拇指，演放两响的事怎么干？他居然换了一个谁也想不到的招式！

只见他原先左右两手干的事，现在换成一个手。左手没了大拇指，用它点火。右手还是先握住两响的上半截，点着炸了之后，松手向上一颠，炮翻了个儿，手一抓，正好握住炸开的这头，再叫另一头在同一只手上炸开。

他变了一招。变得更险、更奇、更绝，却同样稳稳当当，万无一失，这就叫人更服了崔家炮。

可是他怎样的熊心豹胆，冒多大险，才换上了这一招？

奥皇寿辰

本月二十二日为奥皇天长佳节、
河东奥界居民欢庆、
辉煌结缀飞临一如古之均
前往观未竟、
禹路竟为之塞矣第一段
捕房奇、
又搭有席棚戏中华水
顺各敝演、
唱时调踩事增华、烟炮
盛事云、

蛊惑人心

河间府献县、城南
三十里张旺屯
地方、住有赵云标者
睛傅
一姓菩敔内、
寿以
看病為名
每日
拾集附迎
乡民
前住該处、
昌燎、
以致入越者
爛眾、
门婙
似此左道斅
惑人心、若不
禁止贻调非
浅是
有望于該
管者
天徹壹地逗

白四爷说小说

上海人好看言情小说，天津人好看武侠小说，所以写武林雄奇的高手大多扎在天津。挂头牌的是三位：还珠楼主、郑证因和宫白羽。还有一人，活着的时候名气更大；但此人隔路，别人都是写小说，他说小说。

他大名白云飞，家里贩盐，赚过银钱，现在还没花光。他在家排行老四，人称白四爷。白四爷长得怪，属于异类。大身子，四肢短，肚子圆，屁股低，脑袋大如斗；但脑子比脑袋还怪，不单过目不忘，而且出奇的好使，思路快得离谱。他书看得不多，写的反比看的多。最初也是用笔写，可是笔杆跟不上脑子，就放下笔，改用嘴说。

那时天津卫时兴办刊办报，五花八门的报刊往外冒。报刊为了吸引人，就请名家在报刊上连载武侠小说，刊物每期一段，报纸每天一段。小说名家成了热饽饽，天天给报刊编辑逼着趴在桌上从早写到晚，第二天再接着干。唯有白云飞活得舒服，不写只说，只用嘴巴不费力，要说他活得舒服，还不只如此呢——

白四爷好泡澡。他说，一天不泡，浑身是土，两天不泡，浑身长毛。他在劝业场隔壁的大澡堂子华清池有个单间

——甲排四号。他要的这个四号是为了跟自己"四爷"正对上数，图个吉利，也好记。他一年四季，除了大年三十和八月十五，天天在此，每天整一下午。

他先在热水池子里泡透泡足，然后光着身子，腰上裹一条大白毛巾，一掀甲排四号的门帘，进去往小床上一躺。澡堂子里的单间都是左右两张小床，中间一个小方柜子。他躺在一张床上，另一张床给来找他的人当椅子坐。他躺下来后，小伙计便过来，先搓泥，后修脚，一通忙。待收拾完了，人像脱了一层废皮，好似金蝉脱壳，轻快光鲜；从头到脚全都滑溜溜，屁股像个大白搪瓷盆。

跟着，伙计端上来几个小碟，各摆一样小吃：酱油瓜子、话梅、琥珀花生、大丰巷赵家皮糖和切成片儿水灵灵的青萝卜，还有一壶又酽又烫的茉莉花茶。这些吃喝，有热有凉有甜有咸有脆有黏有硬有软；这种活法，就是市井里的神仙。

这时候，门帘一撩进来一人，穿长袍，戴眼镜，手里提个小兜，一看就知道是报馆的编辑。他往白四爷对面的小床上一坐，一边拿笔拿纸，一边对他说："白四爷，明儿咱可没稿子登了，您今儿得给我们说上一段，两段更好。"说完对着白四爷眯眯笑。

"你是哪个报？"

"《庸报》啊。我天天来，您怎么不记得？"

"天天七八个报馆杂志找我，没前没后叫我说哪段我就说哪段，哪能都记得？我没把你们的故事说混了，就算不错。"

"四爷，您是嘛脑子，同时说七八部小说。不仅天津没第二人，天下也找不出第二人！"

白四爷听了高兴，来了神儿，便说：

"我在贵报连载是哪一部？哎，你把前边一段念给我听听，我就接上了。"

这戴眼镜的编辑笑道："四爷，您在我们报上连载的是《武当争雄记》。我给您带来今天的报了，刚印出来，这就给您念，您听着，这段是——"他从袋子里掏出一张报纸，捧在手中念道："谢虎悄悄叫廖含英从怀里掏出帕子，浸了水，绕头缠住鼻孔。吹灭了桌上的灯，和衣躺下装睡，刀就搁在身边。不一会儿，给大月亮照得雪亮的窗纸上就出现了一条人影。跟着窗上的人影忽然变大。原来这人摸到窗前，伸出舌头一舔窗纸，悄无声息地把窗纸舔了个洞，一根细竹管子便伸了进来。这人用嘴一吹竹管外边那头，里边这头就冒出一缕轻烟，徐徐上升，在月光里发着蓝光，清晰异常，这就是要人命的迷魂药——'鸡鸣五更返魂香'！"戴眼镜的编辑念到这里停住，说道："您上一段就停在这里。"

"好，咱说来就来了！我说，你记——"白四爷像抽一口大烟，来了精神，原先半躺着，现在坐了起来，光着膀子，一身白肉，两眼闪闪发亮。他一张嘴就把前边的故事接上："窗外那人把迷魂香吹进屋内，半天没见动静。他凑上耳朵听，屋里只有鼾声，这便抽出腰刀轻轻撬开窗户，飞身落入屋中。"四爷说到这儿，眼睛四处溜溜地看了两眼，似乎在找下边的词儿。他一望到现在房内的两张床，再往上一看，马上把故事接下来说："这人手下极是利索，身子一翻，左右两刀，分别砍在左右两张床上，发出啪啪清脆的两声，他忽觉声音不对，定睛一看，床上没人。人呢？他心想不好，未及再看，两个人影忽然由天而降——原来谢虎和廖含英早就伏身在房梁之上。不容这贼人反应过来，他俩已飞落下来，同时四只手如鹰搏兔，把这贼人死死擒住，三下两下用绳子捆了，点灯一瞧，不禁大吃一惊，同声惊呼：'怎么是你？'"

四爷停住了。这戴眼镜编辑说："我还没听够呢，四爷，您接着往下说呀！"

"行了，够五百字了。扣子也留下来了，不是说好每天五百字吗？"白四爷笑着说道，"欲知后事如何，且听下回分解。你看，人家《369画报》的老秦已经站在这儿等半天了。"

《庸报》戴眼镜的编辑这才发现《369画报》的编辑老秦已经站在门口。他们都常来，不时打头碰面，彼此认得，互不干扰，赶忙撤走。老秦进来坐在床上，白四爷喝了几口浓茶，未等老秦开口，便笑道："我在你们那里连载的是《花面侠》吧。我记得上次好像说到，花面侠正在山间野店要了一大盘子红烧豹肉，对吗？"

老秦说："四爷好记性！您兵分八路，竟然一路不乱，您是奇人！您上次最后一句是：'她用筷子从盘子里夹起一块大块的豹肉，刚要放嘴里，忽见一个闪闪发光的亮点，银星一般，带着一股寒风，朝她的面门疾驰飞来。想躲是躲不过了……'"

此时白四爷一边听一边已在寻思，他右手食指和拇指正捏着一片碧绿的萝卜往自己嘴里送。他眼盯着这两根手指中的萝卜片，嘴里已将今天一段的开头说了出来："忽然她手一抖，咔嚓一声，只见两根筷子中间不是那块豹肉，而是一柄六七寸、银光耀眼、两面开口的飞刀！"

"好！"老秦大叫，"今儿这开头太漂亮了！神来之笔！四爷说来就来，满脑袋奇思妙想啊！"

老秦是报业老江湖，懂得怎么给写东西的人煽风点火，撩动兴致。他这一捧，白四爷上了劲儿，立时神采飞扬，大江决堤般说了下来，不知不觉之间，老秦身边并排又坐了一高一矮两位，也都是来要稿的编辑。这些编辑全都是长衫大褂，只是有的不戴眼镜，有的戴眼镜，有的戴茶镜；有的用铅笔，有的时髦使钢笔，有的老派用毛笔墨盒，毛笔头套着铜笔帽。虽然这些编辑都是写手，可是要想笔录白四爷口授的小说，谈何容易？最难的是，白四爷说小说，声情并茂，出口成章，往往叫听者入了迷，停下了笔。

真叫人不明白，他这些小说哪儿来的？没见过他像旁人那样苦思冥想，咬着笔杆，愁眉苦脸，也从不把自己关在书斋硬憋自己。泡澡，搓背，喝茶，嗑着瓜子，指天画地一通乱侃，不动笔杆，就把活儿全干出来。而且是几个不同故事的长篇同时干。他口才好，记下来便是文章，完全用不着编辑加工润色。编辑们你来我往或我来你往，你前我后或我前你后，你要哪段他说哪段。他脑袋里这些故事就像天津的电车，红黄蓝绿白花紫七个牌七条线，各走各的，绝不撞车，也没人上错车。

他如瓢的大脑袋里，这些人物、故事、出彩的地方，都是临时冒出来的吗？鬼才知道！一个给他修脚的师傅说，他那本《天成镖局》里尤老爷的大老婆和四个姨太太就是他左脚的五个脚指头。一天他给白四爷修脚，白四爷忽然指着小脚趾感慨地说："你看我这小姨太太多可怜，又瘦又小，天天给挤到犄角旮旯儿，不敢出声。"又说："我得给她点功夫！"这话说了没几天，他这几个脚指头就变成《天成镖局》中尤家的几个女人。这个小脚趾变成的五太太武功奇绝，后来独霸镖局。

还有一个事儿。澡堂子一进门有个大屏风，正面画一条吐水的赤龙。屏风用来挡风。屏风背面是一块大水银镜子，专门给客人出门时整装用的。白四爷每天洗过澡，说完小说，穿好衣服出来时，都要面对着这大镜子整一整衣领。这镜框一边有个钉子，系一根长绳，挂一个油烘烘的梳子，白四爷每天出门照镜子时，都会抓起这梳子理两下头发。可是这梳子不知怎么变成他《鹰潭三杰》中"湖上飞"手中一件奇绝的利刃——铜梳。人们说他书里一切都从澡堂子里泡出来的。可是那次他湖北老家几位远亲来天津，向他家借钱，闹得不快，第二天也进了小说。真事入了小说，自然不是原样，有的成龙化凤，有的变狗变猪。全在他脑袋里化腐朽为神奇。一句笑话会引出一桩命案，男盗女娼反成了小说中绝配的侠侣。谁也不明白白四爷的脑袋里藏着什么天机。

行内的事行内明白。不过作家圈里谁也不肯认头这是白四爷天生的本事。只骂他"述而不作"，自己不会写，借人家的笔杆子弄钱出名。说这话的人还是位名家。于是有人为他愤愤不平骂那名家：你躺在澡堂子里说几段看看。人家白四爷不单脑袋瓜阔，还出口成章，记下来就是文章，不用编辑改一个字儿。你拿嘴说的话到了纸上，还不乱了套?

白四爷名噪一时，红了三十年。所有连载的书都由有正书局印行，发行量津门第一，北边卖到黑龙江，南边远到香港。直到1947年华清池热水池屋顶给常年蒸汽熏糟了，掉一块砸在白四爷脖子上，砸坏颈椎，天天犯晕，才停了各报刊上的连载，一年之后便去了湖北老家养伤养老。

于是，原先又一种说法重新冒了出来：他一离开澡堂子小说就没了，白四爷的小说全是光屁股说出来的。可是不管闲话怎么说，只要打开他的小说一看，还得服人家。

地动七处

地動七處

苏州城地方於二月三七日现十钟半时忽然
此动将动时县激移时连动而此祀动
时既又常州城地方亦于是日十一点钟忽
然有声枝东南来就觉屋宇龙动不不
站立不稳约一分钟此止並阖城守龙动倒一
所屋座大旗江地方亦同村地动阖南门外
某尬巷内诸倒塌塵三阖塌瓦一小尾始东
邻东勤顾大门亦诸倒塌瓦城地方亦
赤同时地勤且甚利官文松江省城亦于
是日晚十二點半时地勤至十一點三刻
北止勤时甚微小又嘉興府城内钟间
时地动且甚大诸處居民甚觉惶恐
勒有五分钟始此又江淅蕭波波者亦
守半是日晚土二钟地动亦甚利害、

腻
歪

锅店街上靠近瑞蚨祥不远的地方住着一个男的，光头，光棍，四十多岁，名叫腻歪。腻歪当然不是大名，是外号。这外号"腻歪"两字真绝，不仅把这人的性情叫了出来，连模样也叫出来了。一个人，无缘无故整天皱着眉头，满脸不高兴，无论嘛事也招不起他的兴致。多好吃、多好看、多好玩、多稀罕的事，他都不多看一眼。反过来多凶、多坏、多惨的事，他也不瞅一下。好赛他心里只有自己那个解不开、撂不下、摆不平的事，是嘛事？没人知道。

没人知道的事，人人想知道。瞧瞧他——

整天眉心总像个馄饨那样揪着，脸盘总像块瓦片那样板着，眼珠子像死鱼眼，哪儿也不看，这眼神儿可是学都学不来的。

他到底为嘛腻歪真费猜。就像一根绳子上的死结，谁都想解，没人能解开。

有人说是因为他死了爹妈，光棍一个，闷得慌。有人说是娶不上媳妇，愁得慌。其实都不是。他爹是打江西来的大瓷器商，专卖上品青花瓷，把景德镇成色最好的青花瓷，用车用船弄到天津，再往紫竹林租界里送，还在锅店街上开了一个挺阔气的瓷器店。他家靠瓷器发家发财，一家子人只穿绫罗绸缎，从不穿布衣裳，虽然爹妈一去，家里没主心骨了，瓷器买卖没人做了，店铺也关了门，但现在他还住着一套带前后院的瓦房呢，只要他招亲，谁家有闺女不笑着脸往他家送？他为嘛腻歪？有人说他打小就腻腻歪歪，没高兴过。"腻歪"这外号打小就有。如果天生腻歪，这就没治了。

天津卫人比别处人厉害，没有没治的事。

要是没碰上陈六，说不定他这一辈子就这么腻腻歪歪，一直腻歪到死。可是他碰上了陈六，陈六就给他改了。陈六这人够明白，也够狠够绝。

陈六原本不是锅店街人，他在西头卖糖炒栗子，栗子炒得又甜又香又鼓又亮又好剥皮又好吃，可是西头的人穷，口袋里只有铜子儿，锅店街这边的人阔，口袋里全是银子。人跟着钱跑，他就跑到这边摆摊赚钱。谁想到锅店街寸土寸金，划地称王的混混儿多，能在这边插腿立足的全不是一般人。比方陈六，打他在锅店街上露面那天，就没人跟他找过碴，他看上去并不横，为嘛没人敢招惹他？这里边的缘故都在后边的故事里。

一天有几个土棍儿跟他说闲话，说到了腻歪。人们说腻歪，总绕不出这个题目：他腻歪个嘛？

谁料陈六说了一句："哪天把他那个狗窝烧了，他就不腻歪了。"

那几个土棍儿笑道："那不就更腻歪了？说不定一头扎进南运河。"

笑话说完就过去，可是一个月后，锅店街忽然着火，冒黑烟，大火苗子蹿上天。紧跟着远近水会敲着大锣，呼啦啦全赶来。人们瞪眼一瞧，竟是腻歪家。只见腻歪光着膀子，穿一条睡裤，从家跑出来，浑身黑烟子，像从烟筒眼儿里钻出来的野猫，连蹦带跳，连喊带叫。腻歪很少说话，他是嘛嗓音，谁也没听过。这回听到了，有人说像谦祥益扯布的声音，有人说像夜猫子叫。

这场火是"绝后火"，把他家烧得精光，只剩下一个空壳。屋子里的东西全成了灰，只有后院堆着一些瓷缸瓷罐，混在一堆烧焦的废墟里。瓷器不怕火烧。拿火烧成的东西都不怕再烧。

据说大火刚起来时，一些小混混儿趁火打劫，钻进屋里火里，一边喊救火，一边偷东西。珍稀细软准都叫混混们掏去了。腻歪从头到尾一直像只黑猴子在他家门口又蹿又跳又喊又叫。可是转天，没一点动静，烧焦的房子冒着缕缕蓝烟儿，却不见腻歪的影子。他在世上孤单一人，无亲无故，能去哪儿？有人说，这一场大火叫腻歪活到头了，准扎河了。

有人把这话说给卖糖炒栗子的陈六。陈六却说："又不是三九天，河里没盖盖儿，谁想跳谁跳。他要是想活就死不了。说不定这场火救了他呢。"

陈六的话没头没脑，没人当事。只有一个小混混儿听出点东西。究竟这场火来得蹊跷，前几天说闲话时，陈六刚提过把腻歪的"狗窝"烧了，就真烧了。烧这把火的能是谁呢？为嘛烧他家？想趁火打劫？

半年后，有人说看见腻歪在租界那边的码头上扛活。这话没人信，他平常连买俩西瓜都雇人抱回家，肩膀子哪放得上东西？

自从这个谎信过去，再没腻歪的消息。

四年后，瑞蚨祥斜对面那个药店叫洋药顶得干不下去了，关门歇业，铺面挂牌转租。没几天，一个干净利索的中年人把这店面接了。这次开的是瓷器店，专门营销景德镇的青花瓷。这店一开张就像模像样，青花瓷青花瓶青花罐青花缸青花碟子青花碗，从里边货架一直排到当街。一对一人高、画满刀马人儿的青花大瓶，像门神似的，一左一右守在大门两边。这铺子只三个人，一个掌柜俩伙计。掌柜的姓杨，名光正。人说是江西人，口音却带点天津的腔调。他一身短打，更像个伙计的领头。人勤手勤，和伙计一起里里外外，很快就把买卖干得热乎起来，连紫竹林的洋人也跑来买货。这叫人们想起当年腻歪他爹那个瓷器店。

有个脑筋转得快的人忽然说："腻歪他爹姓杨，他也姓杨，他爹不是江西人吗？这人是不是前几年一把大火烧跑了的腻歪？"

他叫杨光正。可是这里的人们只知道腻歪那个外号，谁也不知腻歪的大名。

再说猜归猜，看模样却半点看不出来他是腻歪。瞧他眉清目朗，哪有腻歪眉头上揪着的那个大疙瘩？再看他这张脸多活泛，整天挂着笑，腻歪那脸——总像别人欠他五吊八吊钱。

怎么看，他都不是腻歪；可怎么想，他都和腻歪连着一点什么。

于是小混混们想出一些坏招，打算探个究竟。陈六知道了，就把炒糖栗子的炉子搬到杨家瓷器店的对面，还放出话来："谁敢欺侮人家老实人，叫我看看。"

这一来便相安无事了。

一天，一个小混混儿与陈六扯闲话时说道：

"我不管这人到底是不是腻歪，只想知道有的人为嘛好好的总腻歪呢？"

陈六明白这小混混儿套他的话，他笑道：

"这你就不明白了，人的腻歪都是不愁日子不愁钱——闲出来的。穷了犯愁，富了才会腻歪。"

俗世奇人（叁）

88

堂降等

北鄉宣興埠名鎮也富
堂極多向有兩等小學堂
一旦願發達返澗于上月
底怒因勸學而改派堂長
教員等到堂接充並特該
堂陳為簡易家塾舊看
長及各教員以並來關照騶
關派人擬先學堂無此辦法
請求被辭原因其各學生聞
保降等承堂皇皇求去勸堂賣
欲澗另孟當長教員以便降
等矣

按興辦學堂有日彔擴充者
為無且衰縮小者由兩等改
易學真夷奇談主手學歉
獻議村富室極多退頹尤不少
勸學丹以勸學為責任盡有降
等之理堂興埠一村不足為
全澤詢勿有郡情郡顧勸學
誤那鄉鄉先矣美侍關之
讓公共慎重三

十三不靠

文人圈子，有个人既在圈内又在圈外，这人叫汪无奇。人长得周正，不流俗，平时喜欢穿一件天青色的长衫，净袜皂鞋，带点文人气，可不是文人。

说他在文人圈内，只是说文人们都知道有一个造笔的人，造的笔讲究好使，还能写写画画，居然都挺好；说他在圈外，是很少有文人见过他，更很少有人见过他的书画。说白了，他只是有些飘飘忽忽的小名声在文人圈内偶尔传一传而已。

他爹原在安徽徽州造笔。徽州笔好，那时，天津的笔庄笔店都从南边进货，他却看好天津这个四通八达的码头，举家搬到天津，就地造笔，开店卖笔，店名起得好，叫作"一枝春"。地点在针市街，临街四五间屋，后边一个小院，前店后厂，吃饱干活，日子过得不错。汪无奇自小跟着爹学手艺，长大随着爹干活。他天生好书画，人有悟性，无师自通。但他不在文人圈里，是好是坏，谁也不知；说好说坏，他也不在意。他有个性，自己随爹造笔卖笔，活得开心，并不求在书画上出人头地。他爹过世之后，他照旧这样干活养家，书画自娱。他挺喜欢这么活着，轻松又自我。

汪无奇造的笔是徽州笔，羊毫、狼毫、兼毫三种。自己写字作画用的却是自制的鸡毫笔。鸡毛是从家里养的公鸡屁股上拔下来的。他画画走石涛八大一路，写字偏爱南北朝的游僧安道一的隶书。人不受拘束，画也随心所欲。

可是他没想到，外边虽然没几个人见过他的字和画，却不少人说他的字和画好，渐渐竟还有奇才怪才鬼才之说。偶然听到了，一笑而已，只当人家拿他打趣。

可是他不明白，那些人念叨他干嘛？自己不过一个造笔的，画好画坏跟谁也没关系，他也不想跟谁有关系。写写画画，只是为了自己一乐，只要自己高兴就得了。

一天，锅店街上的于三找他。于三迷字画，喜欢用一枝春的笔。这人在书画圈里到处乱串，三教九流全认得。今儿他一来就嚷着说，城里一位书画圈里的大名人盛登云要见见汪无奇，还说：

"人家的画不卖银子，只卖金子。想得到他的画今年交了钱还不行，后年才能取到画。可人家点名要见你，叫我领你去。"

汪无奇很好奇，他说：

"我卖笔，又不卖画，见他干嘛？"

"不是你要见人家，是人家要见你，才叫我来找你，见见面总是好事，说不定人家是看上了你家的笔呢。"

汪无奇没见过大名人，怕见大名人。一听说人家可能看上一枝春的笔，便随着于三去了。他走进盛登云的大门就蒙了。这房子、门楼、客厅、排场、摆饰，还有盛登云那股子牛劲，叫他发怵，只想走掉。他发现盛登云眼珠是白的，这人怎么没黑眼珠，好像城隍庙鬼会的白无常。后来盛登云瞥他一眼，才见这人有黑眼珠，不过眼睛一直朝上，不屑看他而已。既然瞧不上他，为嘛还要请他来？

而且，盛登云没有请他坐，自己却坐在那里，旁若无人，一个劲儿夸赞自己。他还没见过人这么夸赞自己的。盛登云说秦祖永《桐阴论画》中把画分作"逸、神、妙、能"四品，他说自己早在十年前就把"逸"字踩在脚底下了。于三好奇，问他：

"那么您是哪一品呢？"

"自然是极品了！"盛登云说完，仰面大笑，直露出了嗓子眼儿。

汪无奇不再听他说，而是侧目去看他挂在墙上的他的画。不看则已，一看差点笑出声来，心想："这样的屁画也算名家？"于是他不想在这里受罪，告辞出来。

走出盛家，汪无奇问于三："这位姓盛的在咱天津排第几位？"

"自然是头一号，至少也是头一流。我能拉你去见二三流吗？你说你还想见谁，我都能带你去见。马家桐？张和庵？赵芷僊？见谁都行，我都认得。但你见他们时，可不能提这位盛先生，他们之间谁也瞧不起谁，互相骂。"于三说。

"行了行了，我谁也甭见了，还是关上门自己玩吧。我不费这劲儿。"汪无奇说。

汪无奇以为关上门，就与世隔绝了。其实不然，他卖笔，就离不开写字画画的人。再说，他还有几个爱好书画的熟人，虽然都没什么名气，画也没人要，却使劲往这里边扎。这几个人都佩服他，说他有才，恨不得他出名，于是到处夸他。这样，书画圈里就把他愈说愈神。人们只是嘴上说，并没有看到过他的画。看不到也好，没法挑刺，要说只能说好。

如是这样，倒也相安无事。

可是一天，一个老爷坐着轿子上门来找他。这人穿戴讲究，气概不凡，身后跟着两个青衣仆从，进门就要看字看画。汪无奇见这人身带官气，他更怵当官的，不敢靠前也不想靠前。便说自己是造笔的，没念过书，哪里会画画。说话时，脑筋一转，又说："我想您可能找错人了。听说城里边有一个与我同名的人，能写善画，来买过笔。听说他也叫汪无奇，是汪无奇还是王无奇，我就不清楚了。人家是名人，不会与我多说话。"

这位老爷听了，沉着脸转身走了。

这事叫于三知道了，埋怨他说："你干嘛不拿出画来给他看？天津能写能画的人多了，凭嘛找上你家，就是耳闻你大名了。天津八大家，有一家瞧上你，你就不白活这一辈子了！"

谁想汪无奇听了，笑了笑，并不当事。

事后，市面上就有流言出来，尤其在文人圈子里传得厉害。这传言听起来吓人，说那天去拜访汪无奇的是知县大人刘孟扬。刘孟扬是有学问和好书画的人，字写得好。可是汪无奇没拿画给他看，叫知县大人碰了一鼻子灰！

传这段话的人，嘛心思都有。有的是说他是一位奇人，性情狷介古怪，连知县大人跑来微服私访也不买账；有的说他不过一个小手艺人，没见过世面，狗屁不懂，硬把津门父母官得罪了，祸到临头了；有的则猜不透汪无奇到底是傻，是痴，是愚，还是真怪，有钱不赚，有官不靠，摸不透他到底哪一号人？

这事过后，文人圈子开始真的把他当回事了。

有一个小文人叫孟解元，喜欢徽笔，常来一枝春。半年后的一个晚上，领着一位中年人来串门。汪无奇不喜欢和生人交往，因与孟解元熟识，不好谢绝，让进屋来。这位来客是位中年人，说话京腔，文雅和善，不叫人讨厌。孟解元说，这位来客是京城人，会画画，尤精泼墨山水。这人今天在孟解元家画了一下午，孟解元忽想应该请他到这儿来，给汪无奇画一幅，他想叫汪无奇见识一下京城的画艺。孟解元说：

"反正他是京城人，天津这边只认得我，再没熟人。明天一早人家就回去了。"

这句话叫汪无奇放下了素常的戒心，领他们去到后院的书斋，铺纸研墨。京城来客一挽袖子，抓一支羊毫大笔，连水带墨挥上去，很快就浓浓淡淡，山重水复，满纸云烟。画得虽不算好，却勾起汪无奇的画兴。画画的人来了画兴，刀枪也拦不住。

他待来客画完，把画撤去，为自己铺上一张白宣。他用自造的鸡毫笔来画。鸡毛特别，有细有粗，有软有硬，毛上有油，水墨一抹，异趣横生，处处都有意外，时时闪出灵光。京城来客惊呼：

"好一片墨荷，当世的石涛八大！我头一次见用鸡毛扎笔作画，胜过凤羽啊！"

从没人见过汪无奇作画，孟解元也是头一次看，又惊奇又兴奋，连连叫好，像是看戏；汪无奇被鼓动得画兴只增不减，浑身发热，脑袋冒汗。他脱掉长衫，一身单裤单褂，信手又画了一幅风竹。京城来客就势说："用这鸡毫写字如何？怕不如画画好使吧。"汪无奇听了，二话没说，又铺一张纸，换一支两尺多长的粗杆鸡毫大笔蘸了浓墨，写了八个大字：风生水起，逸兴真情。

京城来客说：

"这几个字——尤其这个'真'字，放在今天这儿再好没有了！"

汪无奇听了高兴至极，以为遇到知己。谁知这时京城来客忽从怀中摸出一包死重的东西，递给汪无奇。汪无奇不知是嘛意思，京城来客解释说：

"这是三根金条，我买下您这两幅画一幅字了。您给我盖上印章吧。"

汪无奇更觉奇怪，心想你没问我卖不卖，怎么就叫我盖图章？他说：

"我是卖笔的，从来不卖字画。再说，你干嘛给我这么多钱？"

京城来客说："您的字画明天会更值钱！老实跟您说，我是在京城琉璃厂开画店的，久闻大名，特意来拜访。今儿看到您作画，比听的厉害。我来帮您卖画吧！您要信得过我，咱们六四分成，您六我四。但是有言在先，咱们成交之后，您的画和字只能叫我卖，一幅不能再给旁人，送人字画也得叫我点头才行。我知道您不和天津这里的人交往，我们和这里的人也没来往。等您的画价在京城卖起来，我保您在天津称王！"京城来客说到这里，满脸堆笑，再没有刚才那种文雅的劲儿了。

孟解元在一旁说："等您功成名就，我给您研墨！"

谁料汪无奇听了，立时变了一个人。他非但没接过金条，反而像被人羞辱似的，一脸怒气。他扭身把自己刚刚画的画、写的字抓起来，刷刷撕成碎片；又将京城来客那幅泼墨山水塞给孟解元，不再说话，送客出门。那两人出去之后走了半天，仍然一脸惊愕与不解。

从此，汪无奇再不与任何人交往。于三来过两趟，都叫他撅走。孟解元不敢再露一面，但人人不明白，天津卫是个赚钱的地方，为嘛有钱不赚？卖笔不也是为了赚钱？可那是赚小钱。这不是推走财神爷，扭身去讨饭吗？

孟解元把他经过的这怪事到处去说，无人能解。有人骂汪无奇傻蛋，有人骂他天生穷命，到头穷死。

汪无奇的街坊却说，他一如往常，忙时造笔卖笔，闲时耍耍笔墨。个人的快乐，只有自己明白。一次，汪无奇的老婆在邻家打牌，他去找老婆。人问他会不会打牌。他说："小时候会打，但只打一种牌——十三不靠。一四七、二五八、三六九，还有东西南北中发白，哪张也不靠着哪张，只会这一种，也只喜欢这一种，别的都不会。"他还说："这种牌难打，不靠旁人，全要自摸，这才好玩！"说到这里，他眼睛一亮，似有所得，回家便用鸡毫笔写了"十三不靠"的横幅，挂在书斋迎面墙上，成了他的斋号。

曾有人问他的"不靠"是哪十三个？他指指横幅左边，有一行指甲大小的字写的边款：

吾所不靠乃权贵名人大户混混家产亲戚朋友女人小恩小惠坑人骗人送字送画卖字卖画以及拼命是也。

对于他，最要紧还是最后三样。不靠送字送画，是不拿自己之所爱换取好处；不靠卖字卖画，是不败坏自己的雅兴；不靠拼命，就是劳逸有度，知足常乐。

这人活到民国十一年才死掉，死前七天，似乎已知自己大限将至，把书斋中所有字画，还有他用了一辈子的鸡毫笔一把火烧掉。

《醒俗画报》图画

惟利是图

惟利是圖

津淘鐵路律站原定設在西沽,
曾經賣主地段後經商酌
有買地戈之污头为帥幻結手
遂順民政致議展以便漁利,
現知直報紳士查出倡議紛
起合乎趙家場議兩未决,
閒人有清泉为帥等後在
趙家場附近強買地及主
備鐵路公司之名肆行威赫,
若果有其事頗有地
文家萬勿受其越手而
鐵路公司承當嚴禁
六以免將來抬價元群
對兩得天买嫡有好
鬧媾論及之

(式)

《醒俗画报》图画

湘民激变

强弓楬

杨匡汉是一条中年大汉，身高八尺，长胳膊长腿，腰粗如树，人称"大杨"。他有蛮力，好吃生肉，一身上下全是肉疙瘩，冒着热气，立秋后还光膀子，不穿褂子，顶多一个布坎肩。北门外侯家后"三不管"那块地上的重刀石锁，他当小玩意儿玩。不过他本人不弄刀枪，只玩一把弹弓子，平时掖在后腰带上，撂地演艺时，才拿出来亮一亮真本事。

这位大杨是河北沧州人，沧州人个个武艺高强，可是到天津就不一样了。就像外省的能人去做京官，京城官场深不可测，能站住脚跟就算有能耐了。天津这地方与京都不同，另有它的厉害。比如三不管这地界，看上去挺好玩，演武卖艺、打鼓唱戏、算卦卖药、剃头打辫全聚在这儿。各种能人高人超人也都混在中间。可这里绝非乐土，所谓三不管，一是乱葬乱埋没人管，二是坑蒙拐骗没人管，三是打架斗殴没人管，还有混星子们野狗一般窜来窜去，一个比一个恶。要想到这儿找口饭吃，不问南北，不懂江湖，就会叫人抓起两条腿扔进白河里。

大杨初到天津码头，就觉出这地方格外各色。普通人厚道，恶人凶狠；一如羊，一如虎。可是，虎不吃羊，虎只咬虎。大杨人高马大，站那儿就压人一头。他当时在南运河边租了一间小屋，一天晚上回家，忽觉脚脖子给什么东西一拦，练武的人身子机敏，马上知道有人给他下了绊马索。他弯腰抓住绳子，猛一扯，把埋伏在街两边手里攥着绳子的两个小混混儿，都扯到自己脚前，还硬撞在一起，撞得满脸花。

他以为从此没人再敢惹他。三天后回屋躺下，浑身奇痒，点灯一看，臭虫乱爬。哪儿来这么多臭虫？原来是那些混混儿趁他不在屋时，把挺大一罐活臭虫倒在他床上。

这沧州大汉火了。头一天在三不管撂地卖艺时，上身光着膀子，斜挎一个黄布袋，里边是半袋子葡萄大小的弹丸。这弹丸是黑胶泥团的，不知掺了嘛东西，乌黑梆硬像铁蛋儿。他手里的弹弓更是少见，一尺半大柳树杈子，拴着两根双股二尺长的粗牛筋。这弹弓子射出这铁蛋儿，还不和洋枪子儿一样？当大杨把弹丸捏在牛筋中间的皮兜里时，好比枪弹上了膛，周围看热闹的人都怕他"擦枪走火"，一个弹丸过来，脑袋瓜不开了瓢？

大杨坐如钟，立如松，一根桩子似的立在场子中央，瓮声瓮气地说："诸位放心，我的泥弹只往天上射！"说着举弓向上，一扯牛筋，把弹丸射上天。这一下射到哪儿去了，云彩上去了？

　　只见大杨把胳膊一伸，手一张，手心向上，一忽儿嗒的一声，射出的弹丸落下来，不偏不斜，正好落在手心中央。多准的劲儿，多高的功夫，一手见神功。

　　不等众人叫好，大杨又从挎袋里拿出弹丸，这次是两个。他先是脑袋向后一仰，眼望天空，来个"犀牛望月"，一弹射上去。跟着飞速转身，一回头，又来个"回头望月"，一弹又射上去。看得出来，后边一下比前边一下劲儿大，弹丸飞得更疾更快。跟着，只听天空极高极远之处，传来清脆的啪的一声，原来后边的弹丸追上前边的弹丸，击中击碎，众人应声叫好。天津人头次看到这功夫——天津人就服有本事的人。

　　这时人群走出一人，黑衣黑裤黑鞋黑脸，一脸恶气，横着身子走上来。这人三不管无人不知，出名的大混星子"一身皂"。

　　一身皂二话没说，叫一旁摆茶摊的老汉把一张桌子搬上来，中间放一把青花茶壶。然后他打衣兜里拿出一个玻璃球，稳稳搁在壶嘴上，扭头对大杨说："你看好了，这把壶是乾隆青花，值一根金条。你有本事把壶嘴上这玻璃球给我打下来，但不能伤了壶嘴。你要是打碎了这把乾隆青花，你赔！你要是认头没这能耐，给老子趴下磕三个头，哪儿来的滚回哪儿去！"这话句句都是朝人抢棒子。

这茶壶只是茶摊上的壶，值个屁钱，凭嘛说是乾隆青花？可是三不管这地界一身皂说嘛是嘛。

大杨听他说话时，像听蝉叫，全没当事。他从挎袋里摸出一个弹丸。对着茶桌后边的人说了一声："请诸位闪开！"众人应声躲开。大杨一张双臂，一手举着弹弓在前，一手捏着皮兜里的弹丸在后，使劲一扯，中间的牛筋拉出三尺长，嗡嗡出声。他扭身塌腰，这一招应是"霸王倒拔弓"。忽将捏皮兜的双指一松，皮筋翻飞，同时那茶壶上叭地巨响，众人以为茶壶碎了，再一看茶壶没事儿，壶嘴也没事儿，只有壶嘴上的玻璃球粉粉碎，地上全是亮闪闪的玻璃碴。

众人全看呆了。一身皂没了神气。

大杨说："我只五个弹丸。刚才打了三个，现在打了一个，还留一个专打恶人。谁欺负我，谁欺负人，过了头，我给他'换眼珠'，只换左眼！"说着，他又把一个弹丸捏在皮兜里。现在这弹丸已是无人不怕。

这一下，大杨在三不管立了足，有大杨在，肃静多了。他的弹弓比洋枪厉害，出手比洋枪还快，准头连洋枪也甘拜下风。他一弓子，眼眶子里换成泥球，谁能不怕？从此大杨有了一个威风十足的称呼，叫"弹弓杨"。

七年后，庚子事变时，天津城北这边叫洋人糟蹋得厉害；放火杀人，掳掠店铺，天津人不服，拼得很凶。据说一个洋人的军官被杀，不是刀砍，而是枪击。有人看见这洋人，左眼一个黑窟窿，呼呼往外冒血，死得挺惨。那时守天津的武卫军全有洋枪，多半中了武卫军的枪子儿了。可有人说这洋人遭的不是枪击，而是大杨的弹弓子，因为他伤的是左眼。据说这个洋人极恶，杀人如麻，准是叫大杨给换了眼珠子。

这话真假无人知道，反正庚子之后没人再见到过大杨，三不管也毁成了平地，二十年后挪到南门外的南市那边去了。

冒充
局員

雙廟南唐民李某手甫月二十七日甫率到吕祖堂西滏池內掘土忽有誤處居民自稱工程局密察員三石某世為儞俚率顧多人將李某擒毆適有計露远者見兩惘元某贊勒不料石某永喝令並打周身受傷昌言錢海丰遣衣販盡拉將第三石某率扶及三局農將喜師济訚長廳擊將石某拗護询之工程局主者石某其人旋回滏局桿送香到廳天挢李某自向滏地取土千石何軍向灣醵是計某者却事入此正叙喜打石之尭惠如此似真有護待旱石紐童某竟偏冒充恕工程员竟满

大闹学堂

焦

七

谁都知道，天津卫这地方最不好惹的是混星子，混星子也叫混混儿。可混星子并不一样，各有各的厉害，有的狠，有的凶，有的横，有的诈，最厉害的是阴，比阴更厉害的是毒。人毒有多毒？这儿有个人，有件事，说完就明白。

这混星子叫焦七，看模样像半个残疾。秃头光脸，臂长腿短，唇黑眼灰，走多了就气喘，干活没力气，手上没能耐，从来也不干活，就这德性却有吃有喝，有肉有酒，在梁家嘴住一个有屋有院的房子，周围还有一帮小混星子给他跑腿。没见过他打打杀杀，也不到处撒野耍横，天津出名的混星子中却有他一号。混混儿分文武两种，他属于"文混混"，不靠逞凶斗狠，另有邪魔外道。好人的本事看得见，歹人的本事看不见。要想弄明白他的本事，还得说他那件事。

焦七最爱吃的东西是肉肠子。他别的事全交别人干，只有做肉肠子的事自己干。他只吃自己做的肉肠子；自己买肉，切肉，剁肉，拌肉，灌肠，他有自己的一套；用多少黄酒、胡椒、酱油、葱姜、红糖，肉要几成肥几成瘦，不信别人只信自己。他做的肠子也全归自己独吃，别人别想吃到，连他老婆也难吃一口。毒的人凡事必独。

他刚搬到梁家嘴来时，发现院里的一棵老榆树又大又高，杈子多，树荫浓；有风又不晒，正好晾肉肠。他就把灌好的肉肠一串串挂在树杈上，晾好的肠子干湿合度，真好吃。可是这样做了几次之后，忽然发现挂在树上的肉肠子少了。奇了！鸟叼去了还是猫儿偷走了？他下一次再做肉肠，用了心计，先数好多少串，挂在树杈上之后天天盯着。一天，他忽看到邻居家隔墙伸过一根竹竿来；竿头绑个铁钩，过来一钩一挑，生生把一串肉肠子摘过墙去。妈的！原来是叫人偷去的！

"敢动我的肠子！"焦七立时火了。可焦七这人阴，有火不发，憋在心里想招。想来想去，想出天底下最厉害的一招，叫隔壁偷吃肉肠的馋嘴去见阎王。

转天他出门买了一块肉、一包肠衣、一些大葱生姜，路上拐个弯儿，到药铺买一小包砒霜。到家就在院里剁肉拌料，掺上砒霜，灌进肠衣，做成了十五串毒肠子，全挂在树上。然后天天坐在当院一张椅子上，抽烟喝茶，两眼一直没离开从树杈一串串垂下来的毒肠子，像是蹲在河边钓大鱼。几天过后，终于看到那绑着铁钩的竿子又伸过墙来，前后两次，挑了两串毒肠子过去。他心里暗暗一笑，一直憋在心里的火立马熄了。

　　跟着，他把树上余下的毒肠子全摘下来，塞进一个袋子里，天黑后从家提到河边，扔进河里。

　　当天晚上只听邻院叫喊声忽起，又是"救命"，又是"死人"，人哭狗吠，动静很大，闹了整整一晚。第二天一早，一个小混星子来说，隔壁邻家那个倒腾木料的胡老大叫人下了药，毒死了。官府来了几位捕快正在问案。焦七听了赛没听，好像大车砸死一条野狗。

　　到了晌后，有人哐哐拍门，焦七开了门，只见几个黑衣捕快站在门口。不等他开口，用纸托着三根肉肠给他看，问他：

　　"这是你的肠子？"

　　捕快猜他准说不是。谁想他苍白的脸上阴冷一笑，竟然反问捕快："我家的肠子怎么在你手里？"

　　捕快一怔，跟着问："好，我问你，你家的肉肠为嘛放砒霜？"这话问到关节上。

　　焦七答得更快：

　　"我这肠子不是吃的，是药黄鼠狼的。不放砒霜放嘛？放白糖？"

　　焦七这话叫捕快没想到，全怔住，下边的话就没劲儿了："你可知道你的肠子毒死了邻家的胡老大？"

焦七装傻，说道："这不会吧！我药黄鼠狼的肠子挂在我家院子，他怎么吃的？偷去吃的？"他忽然笑出来说："那就不干我事了。他要是翻墙到我家来，用我家菜刀抹了脖子，也是我的事吗？"

捕快们再没话可说，闷住了口。

焦七的话句句占理。他并不否认这肠子是他家的，砒霜是他放的，可他为了药黄鼠狼，他并没错。胡老大偷吃毒肠，自然怪不得人家。这事无论从哪头讲，都和焦七沾不上边。后来连胡家的人都说，这事只能怪胡老大自己，他要不去偷吃哪会致死？最后，官府结案，胡老大贪嘴致死，与焦七不相干。

可是，这事再往深处一寻思，就费解了。谁会用肉肠子药黄鼠狼？焦家又没养鸡，也没闹过黄鼠狼，他毒黄鼠狼干嘛？黄鼠狼是大仙，没事谁会去招惹大仙？是不是胡老大以前就偷吃过焦七的肉肠子，惹了他，才使了这毒计，下了这毒手？

慢慢谁都明白这是怎么回事，但谁也没办法。不单官府没法儿，老天爷都没辙。焦七这人还有人敢招惹吗？

最倒霉的还是胡老大，活了这么大岁数，最后竟然死在了贪嘴上，连家里人也抬不起头，后来悄悄搬出了梁家嘴。

《醒俗画报》图画

是否逼奸

因奸谋杀

因奸谋杀

黑龙江省东南满三里许非怨香覩兄虎为憾夫某瞥见当救知警稀络公所经王诲如艇辨食同妙方审判厅有住勘验顾有刀伤数处应遽宣示拾顾有宋姓河间人元密父叔如怨请查拿凡犯去下午王诲如如衣密微服侦察至某店民泊首见有撕褴沙生一斤妇闹视之则有血痕漫进庄内脏查坑屏亦偶用水搜过者形逐甚属可疑即肪警兵由柜内翻出大斧一把血跡淋漓当将该居民夫妇带围公所送廳當讯候题不讀覺係因奸謀殺已收監肩官詞再詳加研究以重人命云

第壹佰壹拾伍页

115

毛贾二人

这事确实没假，可是什么年头的事，没人能说清楚。

南运河南岸单街上有个茅厕。白天有亮，夜里没灯，晚上就没人敢进去了。摸黑进去，弄不好一脚踩进茅坑里。

这天深夜，偏偏走进去一个人，瘦得像个饿鬼，抱个空筐。他走到茅厕中央，把筐倒扣过来，底儿朝上，一脚踩上去，跟着解开腰带，想把腰带拴在房梁——上吊。

可是他抬头一看，房梁上竟然有个拴好的绳套，这是谁拴的？他用手拉一拉，绳套拴得还挺结实。他心想就用这个了，刚要把脑袋伸进去，只听到黑糊糊的下边有人说话："你别用这个，这是我的。"

瘦子吓了一跳，以为撞见鬼，心里一慌，赶紧跳下筐。这才看见一个人影坐在一张凳子上。

"你是谁？"瘦子问。

"我是谁跟你没关系。反正咱们都想死，各死各的，问什么。"

"既然咱们撞在一块，马上全死了，问问怕嘛。"

"那好，你先说。你为嘛寻死？"坐在凳上的人说。
这时黑屋的情景渐渐清楚。他虽看不清坐在凳上的人是嘛模样，却看出对方人影挺宽，是个胖子。瘦子便对胖子说：

"好。我是干小生意卖杂货的，赔了。借贷还不上，愈滚愈多。我把各种办法琢磨到头了，还是熬不过去，只有一死了事。你呢？"

胖子没答，接着问他：

"你欠下多少钱？"

"四十两。这么多钱拿什么还？只有一死。"

谁料对方说："才这么点钱，就搭上一条命，弄不好还是一家人的命呢。"他沉了沉说："我这儿有个元宝，五十两，给你拿去还账去吧。别死了！"

瘦子一听，叫道："你死到临头还耍我！你有这么多钱还要死？你不是为钱才寻死的吧？"

"也为了钱。我是做钱庄的——叫一帮临汾的人骗了。房子没了，老婆也跑了。我没脸见任何人了，只有去见阎王。"胖子再不多说，说也没用，只对瘦子说："这元宝你拿去，足够你还债了。它救得了你，救不了我。"

瘦子不肯收，说："你要死了，我还拿你钱。哪能呢？"

胖子说："我去阴间还能带着它？你快拿着它走吧，叫我一个人好好坐一会儿。我一吊上去就再回不来了。"

瘦子万没想到，黄泉边上，竟被人拉一把。阎王居然不要他，这元宝是从天上掉下来的！他趴在地上给眼前这救命恩人叩了三个头，捧着元宝跑回家。

他跑到家，见了老婆，一五一十说了。老婆先是哭了，责怪他只想自己一死解脱，狠心甩下他们孤儿寡母。看到了银元宝又喜出望外，一下子就把债全还了，真是起死回生了。忽然，她说："人家救了你，你就这么叫人走了？"

"我能干嘛，他倾家荡产，山倒了，谁扶得住？"

"你好歹拉他到咱家吃顿饺子，送行饺子迎客面，咱得叫他吃了饺子再走。我马上和面，剁菜。深更半夜没地方买肉了，你到隔壁张家借几个鸡蛋去。"瘦子老婆说。

瘦子赶忙去借鸡蛋，老婆忙着切菜，和面，擀皮儿，这一忙，擀面杖掉在地上。擀面杖是圆棍，地不平，轱辘到墙角。奇怪的是，擀面杖横着轱辘，到了墙角，竟然鬼使神差地咕噔一下竖着掉进老鼠洞里，她赶忙伸手到洞里去掏，待抓住了忙往外一抽，怎么比铁还重？拉出来一看，竟然不是擀面杖，变成一根亮晃晃的大金条！今天这是怎么啦，财神爷到家来了？刚才银元宝，现在是金条！她当是在做梦，分明又不是做梦。

不一会儿，瘦子攥着鸡蛋回来，一看也蒙了。两人赶忙清理了屋角的杂物，用锄头铲子一通刨，竟然刨出两坛子金条，足有百十根。

瘦子傻了，老婆却清醒。叫他赶紧跑去茅厕，叫那胖子别再寻死了，有钱了。

瘦子这才清醒过来，说："说得是，人家拿元宝救了咱们，咱们也得救人家。"

他老婆说："你快去呀，说不定他已经吊在房梁上了。"

瘦子飞似的跑到茅厕，一看还好，胖子还坐在那里呜呜地哭呢。他上去一把将胖子拉出茅厕，并一直拉到自己家。当胖子看到这满满两坛金条，无法明白这是怎么回事。

瘦子对胖子笑嘻嘻说："有这些金条，你也不用寻死了。"

胖子使劲摇着手，说这可不行。

瘦子说："嘛叫行不行，你拿银元宝救了我一家，凭嘛不让我拿它救你一命？"

瘦子老婆说："没有你那银元宝，哪会招出来这两坛子金条？这是老天爷心疼你们俩，才演出来这一幕又一幕。这事编在戏里，也是好戏。"

于是二人把金条分了，各一半，一人一坛金条。事后二人都还是做买卖，各开一店。瘦子在北门里开一家广货店，店里专销由南边水运来的板鸭、熏肉、风鸡、腊肠和家什杂物；胖子在官前小洋货街开了一个洋货店，卖的全是从紫竹林弄来的时髦洋货。买卖都旺，旺得呼呼冒小火苗，还都赚了钱。有钱不忘朋友，二人彼此经常走动。一天，他俩酒后聊起往事，唏嘘不已，决定在城北单街那边合盖一片房子，两家人都搬去住，后代也好联系。大难不死，必有大福，二人在那地方因祸得福，起死回生，否极泰来，认准那地方是他们的福地。他们看好单街右边的一块空地，一起买下来。再请来营造厂造了两排房子，每排八幢，门对门。中间留一条巷子，两家合用，这样两家人出来进去，打头碰面，相互照应，好比一家。

这巷子得有个名字。瘦子姓毛，胖子姓贾，就叫毛贾夥巷。但不知这名字是他们自己起的，还是给人们叫出来的。

如果是他们二人合起的，那是为了彼此要好，并长此以往地下去。如果是人们叫出来的，则是称赞这毛贾二人有情有义，有难同当，有福同享。

《醒俗画报》图画

行凶诈索

行凶诈索

窦界有王
金章持刀
向潘寶森
訛索行光潘
秉當在集署
控案將王等
移送南縣
總局昨佳緻
員訊明以行
光訛索將
王金章判
罰苦力一年云

棒槌壶

人脸六种色：黄脸、黑脸、红脸、白脸、灰脸、青脸。可是侯家后的倪家三少爷都不是，他是肉脸。嘛叫肉脸？谁不是肉脸？他的脸没颜色？

当然有色。只是没准色。饿时脸黄，再饿脸白，饿久了脸灰，饿病了脸青，饿急了脸黑，吃点东西脸就有红色，再喝点酒就是红脸了。

人家不是三少爷吗，还能饿着？他是少爷，他不愁吃喝是因为他爹有钱。如今爹死了，家败了，他没能耐，坐吃山空，把院里树上的枣都吃光了还能不饿？可是人家倪三少"人不死架子不倒"，家里的东西连祖宗像都卖了，可还有些东西一直攥在手里不卖，只要活着就不能卖。这就是一身出门穿的行头——当然是富家子弟的鞋帽衣装，还有那时候富人挂在身上的零碎：眼镜、胡梳、耳挖、发梳、折扇、鼻烟壶、掌珠，等等。这些东西除去香囊，全有个软袋硬套儿；缎子面儿，上边绣着各种吉祥花样，颜色配得好看极了。每个套儿上边还有一根精致的彩色丝绳，系在腰间，围着身子垂了一圈，一走就在肚子下边晃悠，招人眼看。本来这些东西就是天津的阔老阔少向人显摆的玩意儿。

别看倪三少家里边东西快卖光当光，空箱子里边只剩下耗子屎，这身上的行头却不能拿出去卖掉。穿戴这一身走在街上，谁能不拿你当回事，自己的肚子空不空有谁知道？有时这一身打扮走进租界，还叫好奇的洋人客客气气拦住，端起那种照相盒子"照"一下。据说当年慈禧太后也给这么"照"一下。照它干嘛用就不管它了。有时洋人"照"他，还叫他戴上小圆茶镜，一手执扇子，一手捏着耳挖子摆出掏耳屎的样子来呢。

那天，早晨起来穿戴好，觉得肚子有点空，家里没什么吃的，就把碗里的剩茶根连带茶叶子倒进肚里，定了定神，出门上街。他打老桥过去，从宫北一直走到宫南，路上只要遇上熟人，就站在街上说一会儿闲话，为的是给走来走去的人，看他这身阔气的门面。等到他走到老城的东门，饿得发慌，脸发白了，手心脑门子全是冷汗。路边正好有个小饭铺，名叫"福兴"，他常来，这便一掀门帘扎进去。店小二对他一清二楚，也不问他叫什么饭菜，很快就端上一盘素茄子、俩馒头、一碗酱油汤，汤里连香菜都没放。这种饭菜最多两三个铜子儿，纯粹是给饿汉填肚子的。

倪三少吃得慢条斯理，不能叫人看出来他是饿鬼。喝酱油汤时候就更慢了，喝得有滋有味，好像在喝一碗海参汤；

时不时停下来，从腰间拿出梳子来拢拢头发，再解下烟壶套，将里边的烟壶掏出来，立在饭桌上，也不闻烟，只是显摆。

过去倪三少家的好烟壶多着呢，可他爹死后，他娘有病，全卖光了。这个壶之所以剩下来，是因为缺个盖儿，东西又一般，直上直下，没个样儿，俗称棒槌壶。白瓷，釉子粗，上面还有麻眼儿，只在中间画一个金毛狮子狗，画工也糙，而且单一条狗，没有配景，算不上好东西。他几次拿到古玩行去卖，没人要，便留给自己玩。他另有个做工不错的烟壶套，没烟壶，就和这棒槌壶配上了。可是这烟壶缺盖，没钱去配，翻箱倒柜找不到一件东西能当壶盖使，怎么办？一天上街低头瞧见地上一小截骨头，动了心思，拾回家，把骨头插进壶口，粗细刚好合适，骨头一端鼓起来的地方，又圆又亮，刚好像个壶盖，这便截齐磨亮，看似原装原套。

他刚要拿起烟壶取点鼻烟时，忽然发现对面坐着一个老头，他也不知这老头什么时候坐在对面的。这老头黑瘦，细鼻，小胡子，光脑门，眼睛有神；身穿一件天青色的袍子，看不出身份。老头的眼睛并不看倪三少，只盯着桌上的棒槌壶看。他不明白这人干嘛这么起劲地看自己的破烟壶，才要问，这人却先问他：

　　"这壶你卖吗？"

　　这突如其来的话把他问蒙了。

　　可是，人穷戒心多，倪三少是在市面混日子的，虽然一时弄不明白对方的想法，却知道自己该怎么说话。他打着岔说："您想拿多少银子，叫我把祖宗传了几百年的东西卖了？"他用这话探一探对方的究竟，反正他不信有人会出钱买自己手里这破玩意儿。

　　没想到这老头并无戏言，竟然举起手来一张五指，给出了价钱："五两银子。"

　　这下子叫倪三少惊了。五两银子？还不叫这穷少爷连鱼带肉吃三个月？可是人愈缺钱，愈不缺心眼儿。倪三少忽想，他爹留下的这个棒槌壶是不是个宝，过去没人瞧得出来，今天碰上一个真懂眼的了？想到这儿，他便笑道："您就拿这些小钱叫我把祖宗卖了吗？"

　　这老头听了站起来，说一句："那你就善待它吧。"说完便起身去了。这事奇怪了，既然他想买，怎么没再和倪三少讨价还价？

　　倪三少眼巴巴看着这识货的老家伙走了，他能拦他吗？当然不能。他不知道这棒槌壶究竟是件嘛东西，倘若拦住这老家伙是卖还是不卖，多少钱卖？若是他爹留下的金娃娃呢?

自打这儿起，他忽觉得这东西叫他身价百倍。可是壶口没盖儿，只塞一块骨头不成，好马须配好鞍，他便把家里最后剩下的一张硬木八仙桌卖了，使钱在珠宝行给这棒槌壶配了一个红玛瑙盖儿，盖子下边还镶一个鎏金的铜托，做工可讲究了。珠宝行的马老板说：

"说实话，你这烟壶太一般。这么捯饬像是身穿二大棉袄，头戴貂皮帽了。"

倪三少神秘一笑，说：

"您要懂眼就干古玩行了。"

配好壶盖，他就再不敢把烟壶挂在腰间，怕一不留神叫人偷去，他把烟壶掖在怀里，碰上要显富摆阔的时候，才打怀里掏出来，叫人们开开眼，也叫自己牛气一下。

日子一长，新鲜劲儿过去，问题就来了。他不能把宝贝总揣在怀里，拿它陪着一个咕咕叫的空肚子。人这五尺身子，没什么都可以，就是没吃的不行。一天三顿，差哪一顿都过不去。他悄悄地把这宝贝拿到华萃斋问问价，谁知人家说，盖儿上的这点红玛瑙值点小钱，下边这个破瓷壶干脆扔了吧。

倪三少气得没说话，掉头就走。可是他拿着这件宝贝从马家口到估衣街，连跑了七八家大小古玩店，人家一瞅这壶，全翻白眼。这就叫他心里没底了。于是又想起在东门口福兴饭店遇到的那个光脑门、留小胡子的黑瘦老头，他跑到福兴饭店一连吃了好几天素茄子，也没等到那老头来，他问店小二，店小二说："又不是常客，我哪记得那人是谁？"没有伯乐，谁识良驹？倪三少连做梦都是那个黑瘦的老家伙，后悔上次让他走了。

伏天过去，秋凉了。他那天走过北大关时有点饿了，买了两个新烤好的喷香烫手的芝麻烧饼，钻进路边一个茶铺，要一碗热茶，边吃边喝。一扭头，看见那老头竟然坐在窗边一张桌上喝茶。他就像跑丢了的孩子忽然见到娘，马上跑过去，二话没说，打怀里掏出那个没人看好的棒槌壶，一伸胳膊放在老头眼前。那神气像是说：看吧，这壶——这盖儿，怎么样？

没料到，这老头非但没有惊奇呼好，竟也像古玩店的老板们一样，瞥了一眼，再也不瞧，好像这次看的和上次看的不是一件东西。倪三少以为对方想要自己的宝贝，成心压自己的心气。他对老头说："加上这个玛瑙顶子，宝上加宝，您更看得眼馋吧？"

谁料老头淡淡地说："你自己留着玩吧。"

倪三少笑着说:"您不想着它了?您上次不是还要花五两银子买我这个壶吗?"

老头板着脸说:"今儿这个壶已经不是上次那个壶,你把它毁了。"神气有点懊丧。

倪三少一怔,说:"毁了?您耍我吧?不就是加了个盖儿吗?还是红玛瑙的。"

老头连连摇头却不说话,倪三少有点发急,天底下肯出钱买这棒槌壶的只有这老头了,他不要就没人肯要了。倪三少说:"您不要它没关系,可您得说个明白,我怎么毁了它?"

老头看着倪三少那张着急上火的脸,沉了一下,开了口:"你这壶上边画的是条小狗吧?"

倪三少:"是呵。狮子狗,还是地道的京巴。"

老头接着问:"狗吃什么?"

倪三少:"当然吃骨头吃肉啦,还能吃树叶?"

老头还是接着问:"上次你那壶盖是什么的?是块骨头的吧?"

倪三少:"是呵。当时这壶没盖,我自己弄上去的。"

老头说:"这就对了!你听我说——你那骨头对壶上的小狗可是好东西。狗不能缺骨头缺肉,就像人不能缺粮食。

可是现在你把它换上这个了。它没东西吃了，早晚必死。还不是你把它给毁了？"

倪三少一急，说话的嗓门都大了，他又像说又像叫："我说您耍我吧？这狮子狗是画上去的，它能吃骨头？您是要那种骨头，我马上给您到街上拾一块不就得了。"

老头看了看他，似笑非笑，那神气谁也看不明白，他对倪三少说："看意思你还是不明白。你都穷到了这份儿上，这一点道理你还是悟不出来？好，就这么着吧。"说完就走，头也不回，叫也叫不住。

倪三少站在那儿，傻瞪着眼。他给老头这几句不着边儿的话绕在里边出不来了。

事后有人对倪三少说："别听他唬你，他是看上你这壶了，拿话蒙你。反正半年里，谁找你买，你也别卖。要是有人找你买壶，准是那糟老头子派来的。"

倪三少信这话。可是一直没人找他来买，不单半年，一年都过去了也没见人来。反过来他找人卖，却怎么也卖不出手。到了后来，他不在乎这壶值不值钱了，却还是没从那老头的几句话里走出来。这件事传开了，一人给一个说法，其说不一。有人说这老头根本没想买这壶，是拿倪三少找乐子；有人说这老家伙头一次手里有点钱，第二次没钱买了；

还有人说这是倪三少自己编出来的，想炒他那个破壶。

　　有一个住在西北城角念书的人，说法与众不同，他说那老头是位有学问的高人，他说倪三少就是壶上那条狗，只能配块烂骨头，不能配金银玛瑙。这话却叫人更不明白。

痰疾身死

有劉樹林者、年約四句、
居住
河北塞窪咋日赴河上
閒上
向周姓討債、行至小
藥王
廟東、忽然痰疾倒卧
而死、
當徑地方協同親屬、去聽
東報云、

一閒
不舒

孟大鼻子

　　"孟大鼻子"是孟家二少爷的外号。这外号一听就知道怎么来的——他长了一个特大号的鼻子。

　　孟大鼻子个子并不大，站在人群里毫不出众，细脖溜肩，有点驼背，只有一个地方十分出奇——鼻子太大，膨脖肥实，油光光像个剥了皮的肉粽子。鼻子长在脸的正中央最显眼的地方，只要见到他，一准是先看见了他的大鼻子。

　　他讨厌自己天天走到哪儿都顶着一个大鼻子，叫人看了生笑。

　　不过，老天爷心好。他给你一个苦果，里边准还藏着一个糖心儿。孟二少爷这大鼻子，绝不单单是一块赘肉，更不是脸上一个败笔。它有着灵异出奇的禀赋，是个神器。

　　别看这肉鼻子表面平淡无奇，肥大平庸，鼻孔黑糊糊，直对着人时，还滋出一些鼻毛，像枯井伸出的草，可是这鼻孔里边有嘛神道，凡人就不知道了。

　　世上所有的东西不仅全有模样，还都有气味。有的你能闻到，有的你闻不到。人家孟大鼻子就全能闻到。

　　世上各种的气味还全混在一起，你分不出来，人家孟大鼻子却能分出来。这是木头的气味，这是铁的气味，这是菜叶子的气味,这是旧棉袄的气味,那是脚丫子的气味……这大鼻子好比一对明察秋毫的大眼睛,大千世界,一目了然;万千气味,无所不知。

人说,蚊子要是咬了他,他准能找到这蚊子,然后脱下鞋来,用鞋底子拍死它——难道他能闻到蚊子的味儿?

这说法是不是太离奇?别以为这是以讹传讹,再说一件事——

一次他在估衣街的天香楼喝多了,伙计们把他扶到一张太师椅上睡一睡。一个小子趁他酒醉不知,打他怀里摸走了三块银元。事过半个月,他在山西会馆门前撞见这小子,上去便说:"你把那天从我身上拿走的三个银元还给我,咱就没事了。你要是不认账,我就送你进衙门。"这小子想耍赖,问他:"你凭嘛说是我?你看到我了?"孟大鼻子说:"我不用看你。你身上的味儿带在你身上。跑到哪里我也能认出来。"这小子听了这非同寻常的话,再一瞧他脸上那个奇大的鼻子,忽然想起关于"孟大鼻子"的种种传闻,不敢再抵赖,把银元掏出来还给了他。

再一件事。他请一群朋友在北大关的慧罗春饭庄吃饭。跑堂的伙计送上一盘酱蹦鲤鱼,嘴里一边说:"这是本店师傅拿手的名菜,鱼是刚打上来的,活宰活烹,您们就吃这一口鲜吧。"

孟二少爷说:"人在天津,吃鱼就吃活的,不是活的不吃。"说着大鼻子对着这盘鱼吸一吸气,笑容立时没了。他正色对这跑堂的伙计说:"把你们掌柜的请来。"

小伙计不明白怎么回事,请来这饭庄掌柜的,姓乔。可是不等乔掌柜说话,孟大鼻子就说:"你这条鲤鱼昨天就死了。"

乔掌柜一听,怔住。可天津是个码头,在码头上做买卖的人全都脑子活,随机应变,不和人较真,而且嘴巴会说。他马上满脸堆笑地说:"您别着急,我跟您赔不是。这盘鱼我端下去,我亲自去挑一条活鲤鱼,瞅着师傅给您做,只请您稍候一候。"

事摆平了,可是乔掌柜心里却不明白,这位吃主凭嘛能耐知道这条鱼下锅之前是死是活?靠的真是他那个奇大的鼻子?

这两件事都有人在场看见。从此,孟大鼻子没人敢惹。不敢惹的不是他,是他的大鼻子。不知他脸上这怪玩意儿到底还有多厉害。

再厉害的东西总有一天碰上克星。这是大道理。

孟大鼻子是个好交朋友、喜欢热闹的人,家里有钱,花钱随便，自然有一群狐朋狗友前呼后拥，叫他活得舒舒服服。他整天在外边东跑西颠，吃吃喝喝，惹惹各种闲事。他家住粮店街一座宽敞的宅院，没有孩子，只把一个鲜亮娇嫩的老婆闲在家。

闲久了就闲出事来。有人说他老婆叫人睡了。这流言开始只是秘闻，日子一久便流散开来，变成绯闻。绯闻全有翅膀，因为绯闻最有说头，人人全都爱听爱说。这些糟蹋孟大鼻子的话，便在他家房前屋后传来传去，随后就在彼此相识的人群中间不胫而走。可是，奇怪的是，似乎只有孟大鼻子本人没有耳闻，没一点风吹草动，一切如常。还有一件更奇怪的事，就是谁睡了孟大鼻子的老婆，没人知道。市井向来有各种高人，你私密再深，他们也能掘地三尺，从中抻出一条狐狸的尾巴；但是这个叫孟大鼻子丧尽门风的人，却一直连个影子也没人见到。

人们开始疑惑孟大鼻子的鼻子了。虽说他整天在外，但晚上回家和老婆睡在一起，能闻不出生人的味儿来？一个连走身边一闪而过的小偷和咬他一口的蚊子的气味都能闻出来的鼻子，竟然闻不出和他老婆厮缠一起的野汉子身上的气味来，这是嘛鼻子？可是如果他闻出来了，绝不会天天还这么说说笑笑，全跟没事一样。

　　转年，事情才叫人慢慢明白。那个叫孟大鼻子当王八的，有名有姓地浮出了水面，原来是在直隶总督署当差的武官，姓廖，名正操，人很厉害，手段狠毒，连侯家后的混混儿都不敢惹他。这个人一说出来，人们便明白了，孟大鼻子肯定早就把他闻出来了，他只是佯装不知罢了。佯装不知的滋味可不好受，一年来孟大鼻子的憋屈可想而知。有人说那个武官身上的狐臭味很大，孟大鼻子天天回到家，准在鼻子眼里塞上棉花。

　　事情一明，孟大鼻子隐了，老婆根本不再出头露面。他活法也变了，不再请客花钱，自然没人再肯跟着他，那帮狐朋狗友也就一哄而散，一个也没剩下。他偶尔也出来办事情买东西，人的变化挺大，身子像叫谁捏了一把，小了一圈；最稀奇的是他脸中间那个威风十足的大鼻子，好像忽然变小了，肉粽子干了，抽抽了，原先身上带着的那股子神异劲儿和厉害劲儿，好似一下子全没了。

　　鼻子不行了，天津也就没他这一号了。

人窮志短

人窮志短

静海人王鸣三、平素不安
本分一味好赌、
将家资房产卖尽无
法可施遂向
伊妻蜜氏非言来津
谋事甚伊妻
亦可与人作佣以冀生
活苟稍有积
蓄异日行回家等语该氏
即信其说遂
于甫月初三日搭船同
伊夫来津在
西关外永顺小店内往
有数日王来
妻刘氏挣至水金手忽笑
仍无谋成事业竟起不
良之心令伊
日前该氏三
妹刘来津探知其事勃然
大怒与王为难
淘欲批宣判臀王拖云

是宜究办

居住上海市浜橋
泰德里之刻字匠
龐巧生前晚因家
錢細故同其妻
龐氏将錢民光
庭從挨搂上惟
跌從地郎居見
而下地郎居見
不平倒之理論龐
尤欵恃蠻署萬毓
郑孥因即後報摘
居請為查辦吳

飞熊

飞

熊

民国二十三年，城中有位奇人，名叫飞熊。顾名思义，此人是一只会飞的熊？对也不对。

此人非熊，只是姓熊。长得却像一只熊。肌沉肉重一张脸，胖大身子，胸口后背大腿胳膊直到手背上全是毛。肉眼皮下边一双乌黑眼珠子。没人比他长得更像熊了。

他全身的毛又长又密，据说蚊子都不咬他，钻不进去。他要是站你身边，张开大嘴一笑，真会把你吓着。可这种人有他的麻烦，人太笨重，走道快不起来，跑就喘。谁要是惹了他，撒开腿一跑，他就没辙了。

然而，自从他这姓——"熊"字前边加一个"飞"，就真的不再是凡人了。这"飞"字不是他自己加上去的，是人们对他的称呼，来由有根有据——

他在南运河边干脚行，和侯家后一帮混混儿有过节儿，夙怨很久。那帮混混儿怵他身大力不亏，心里边却一直想把他狠狠揍一顿，把他打服打怕打尿打趴下。

后来，混混们想到了一个好法子。他贪酒，常醉在酒楼酒店里，趁醉对他下手最好不过。一天，他在东门的"三杯少"酒楼的楼上喝得半醉，这帮混混儿把他堵上了。混混们人手一根白蜡棍，个个都是不要命的死干。他酒喝得不少，可酒劲儿再大也不敢去拼，人家人多势众，全是凶神恶煞，硬拼就是找死。

酒楼上虽然宽敞，楼梯口却被混混们堵住，逃路只有一个，就是南边一面大窗，窗子开着，窗外一棵大树，但大树离着窗子至少八尺远，就是霍元甲也跳不到那棵树上去；跳不上去，就得掉下去摔死。若是不跳，只有挨揍；可是他又笨又重，二百多斤，像块死肉，怎么能跳上去？

来不及想了！只见他刷地蹿起来，转身直朝那窗口跑去，混混们更快，梆梆几棍子已经落在他后背上了。这几下打出他浑身的酒劲儿加上脾气、火气和疯狂。他像从火堆里蹿出来的一头野熊疯牛，一直冲到窗口，想都没想，竟然纵身蹿出窗子。混混们奔到窗前，看到的景象叫他们大惊——他已经远远在那棵树上，双手抱着树干，正回头望着他们。那样子真像一只大熊抱在树上。他那么硕大沉重的身子怎么可能蹿得那么高、那么远？飞出去的吗？

谁也没看到他怎么从那树上下来的。混混们全吓跑了。

酒楼上还有不少人看到这场面，眼见为实，从此他落下一个极漂亮的绰号叫作"飞熊"，没人再敢惹他。他成了天津卫一位实实在在的奇人、名人。

飞熊有了这个威名，很得意。他不在意这个威，更在乎这个名。他觉得这名很受用，无论到哪儿，人都敬着他，捧着他，供着他，还请他吃饭喝酒。市政府的警卫队来人请他去教授一下轻功，叫他推了。他说学来的功夫能教，天生的功夫不能教。天生就是天才，没人能学；这话叫人更钦佩他。

日租界有位汤公子，家里有钱，整天闲着，喜欢吃吃喝喝，干一些好玩的事。一次，汤公子聚了几个朋友吃饭时说闲话，说到了飞熊。汤公子说：

"我就不信那笨东西能飞。"

那几个朋友说这件事不少人看见，看见的人全都有名有姓，错不了。汤公子灵机一动，说：

"哪天咱们请他上三杯少酒楼喝酒，叫他再跳一次，也叫咱开开眼怎么样？"

大家全说这主意好。可是一人说：

"人家现在可是名人了，能听咱们的吗？"

汤公子笑道：

"咱拿酒灌他，酒劲儿上来再拿话激他，他就跳了。"

大家说这事带劲儿，比看余叔岩、程砚秋还强。

不多日子，汤公子这帮朋友把飞熊约到了三杯少酒楼，还在当初飞熊喝酒那个位置上摆了一桌，桌上摆满上好的酒菜，吃了多半，酒也上头，这帮人就提起飞熊当初在这里"过五关斩六将"的事。飞熊最爱听人们谈论这件事，一时兴致大发。可是汤公子却不冷不热地问他：

"窗外边那棵树您真的飞得过去吗？您比燕子李三还强？"

飞熊说：

"天津人谁不知道，真事还能有假？"

汤公子依旧不冷不热，说：

"报纸上白纸黑字还净是假的，口口相传更不能说句句是真。"

飞熊喘着粗气，本来已经喝过头了，酒兴一起，满脸涨得通红，他站起来问汤公子：

"那你信谁的？"

汤公子居然一笑，说：

"我信我看见的。"

这时，汤公子那帮朋友有的打托，有的起哄，有的激火，闹着叫飞熊再飞一把，再展雄风。

飞熊真的起了劲儿，就像当初挨了混混们那几棍子那样，转身一直冲到窗口，跳上窗台。可是当他往窗台上一站，突然一切全变了。那棵树离他好像变得两丈远，下面的地面好比深渊，让他心里打颤。当初是怎么飞到树上去的？他自己也不知道。不用说汤公子不信，自己也不信。

他怎么会知道，人有时候身上一股特别的劲儿，只能是一次，过后不会再来。

他站在窗台好一会儿。汤公子那帮人谁也不敢出声，怕把他吓得掉下去。

那帮人见他两腿瑟瑟直抖，忙把他扶下窗台。他下窗台时两腿一软，身子一歪，愣把两个人压在地上，一个折了胳膊。

这事给飞熊换了一个不受听的称号，叫作"狗熊"。

飞熊

了事佳话

姜廷珍朗初敦其妻无慕其妹
利之观友窃事为了事人即索
不遂识者亦争先恐後俾动她
挺日增日多其故可深长恩矣
益有人还友了事人之颇事者
鎤之以博诸君之一聚某日
各了事人聚集于姜庆者等
畫閒怒有某了事人又介绍
一新了事人至愿放人群衆眷
了事人以為人多恐有不便力
排之亲妻太相口角姜反向為
了事人了事為遂為了事人
向愛排必有使之不得不排者
在此此雖小事亦民見其人品矣

151

轿夫凶恶（二）

湖北武汉劝业奖进会初九日为女宾入
场参观之期初九日普游客数十百名妇女
坐此即列队等候女将军衣服者有着男装
者均系该女学堂之学生先入大门向辕即
轿三乘温将满会得此大门内派弊即
稽兮轮夫移开後轮不但不遵及街亲
兵鼓人将该园住朋殿党扬顾重一时
会场大乱八声摒派所有女宾被店
提来挟切去饰物有甚多现会中
损耐观法巡警将伏主人之
执朋殿执法巡警将扬掳不港
正致杨搜卿可伯请交出赔难严办

蹬

车

老天津卫人骑自行车不叫骑车，叫蹬车。骑车讲究个模样儿，蹬车不管什么样子，得劲儿就行，于是举膝撅臀，张嘴喝风，为了快，玩命蹬。那时候人不大懂得交通的规矩，也不喜欢循规蹈矩；想往哪儿去，就往哪儿蹬，于是这些蹬车的人就把一种人当成了自己对手——交通警。

天津人好戏谑，从来和对手不真玩命，只当作玩，斗斗嘴，较较劲，完事一乐。

最能治交通警的是蹬车的大爷。大爷就是大老爷们儿，人老到精熟，又嘎又损，嘴皮子好使，话茬接得快，句句占上风；而且个个好身手，能把车像马戏团那样玩出彩来；连老警察也怵他们一头。只有那些刚上岗的小警察不知深浅，想捉弄一下这些大爷，一准叫自己弄得没面子。

那年，天津卫的交通设施更新换代，交警们由街心站岗挪到路边一个玻璃亭子里，还在街口立了灯杆，装上红绿灯。交警坐在圆圆的岗亭里，隔着玻璃眼观六路，顺手扳扳红绿灯的开关，还躲风避雨，更不怕晒，舒服多了。这天，四面钟岗亭里来了位新交警小陈，白净小脸，晶亮小眼，新衣新帽新岗位，挺神气。只见远远一位大爷蹬着车打东边来了。那天天气凉，可这大爷车技好，时不时撒开车把，两手揉擦揉擦冻得发紧的脸皮。小陈知道这大爷是在故意"玩帅"，想演一演车技，逗一逗能耐。小陈只装没看见，待车子蹬到路口，小陈忽地一扳开关，绿灯变成禁行的红灯。那时候红绿灯的开关都用手扳。叫你走扳绿灯，不叫你走扳红灯。

大爷一见灯变，马上捏闸，车停了。一般人这么猛一捏闸，车子都得歪在一边，人就得下车。可这大爷厉害，车停住，人不下车，屁股坐在鞍子上，两只脚还踩在镫子上，那车居然立在那里，不歪不斜，纹丝不动，这手活儿叫定车。小陈见他定车，心想你就定在那儿吧，反正定车的时候不会长，我不变灯，看你怎么办，你能总定在那儿吗？等时候一长，车一歪，人下来，丢人现眼吧。

大爷是老江湖，当然明白这小警察的心思。他定着车非但不动，还伸手打衣兜里掏出烟来，划火柴点着，然后把两条胳膊交盘胸前，慢悠悠地抽着烟，等着变灯，就赛坐在家里凳子上那么悠闲。灯愈是不变，他反倒坐得愈稳。车子赛钉子一样钉在街心。

这一来，两人算较上劲儿了，一些路人就停下来看热闹。看这两位——一位守着华容道的小关公和一位市井里的老江湖——究竟谁最终得胜。

红灯不变，谁也不能走，时候一长，事情就变了。停在街上的不止大爷一个，还有愈来愈多的车都停下来走不了，有的急了按铃铛按喇叭，有的嚷起来："警察睡着了？"只有大爷稳稳当当定在那里，好赛没他的事。

面对这局面，到头撑不住的还是小陈，只好扳开关，给绿灯。大爷抬头一瞧灯变绿色，烟卷一扔，双手撂在把上，蹬起车子。车过岗亭时，扭头瞥了这还嫌太嫩的小警察一眼。小陈两眼盯在前边，不敢看他，却能觉出这老家伙得意又嘲弄的目光一扫而过，脸皮火辣辣烧了半天。

再一位栽在大爷手里的，是黄家花园道口岗亭的交警，也是初来乍到的一位小警察，姓尤。这小尤比前边那小陈强多了。小尤是河西谦德庄人，自小在市井里长大，嘴能耐，人不吃亏，到任的两月里碰上过几桩刁难的事，都摆布得漂漂亮亮，人也愈加神气起来。

隆冬一天下晌，他岗亭侧面的道边，一位大爷正在上自行车。车子的后架上绑着一捆木头，挺宽，大爷腿短，又穿着厚棉裤，腿跨不过去；连跨几次，没跨上车。眼下这时候正是下班，街上人多车乱，小尤怕大爷碰着，想叫大爷去到人少的地方上车。小尤心意虽好，可是天津人喜欢正话反

说，连逗带损，把话说得俏皮好玩，有哏有乐。他拉开岗亭
的玻璃窗，笑嘻嘻对这大爷说：

"大爷，您要想练车，就找个背静的地方去练。"

小尤这话给周边的人听到，真哏，全乐了。

天津卫的大爷向例不会栽在嘴上。嘴上栽了，面子就栽
了。这大爷扭头朝小尤说：

"甭瞎操心，没你的事，你只管在你的罐里待着吧。"

罐是指圆圆的岗亭像个罐子。天津人有句俗话"罐里养
王八，愈养愈抽抽"。这话谁都知道。

这话更哏，众人又笑，当然也笑这小子不懂深浅，敢去
招惹市井的老江湖。这下傻了，张着嘴没话说。

大爷乘兴一跨腿，这下上了车，再一努劲，蹬车走了，
头也没回。

《醒俗画报》图画

风流战场

風流戰場

齐老太太

齐老太太有滋有味住在西城一个小院里。老头儿死了后，就一个念想——家别散了。

她有三个孩子，两个儿子一个闺女。闺女老三没出嫁，俩儿子老大老二虽然都成了家，还全住在家里，守着老娘。俩儿子各住在东西两边的厢房。正房三间，右边一间住着闺女，左边一间老太太自己用。堂屋空着，这里是一家人共用的地方。

老娘心里一幅幅画。一家人在这院子里春天栽花种草，夏天纳凉说话，秋天举竿打枣，冬天扫雪堆人。平时全家围着摆在堂屋正中一张方桌，一日三餐，虽无山珍海味，却有荤有素，有饭同吃，有福同享。闲时老太太叫来老三和两房儿媳妇陪她打打牌。孙男娣女们在院里玩耍。齐家人全都本分平和，彼此没斗过气，拌过嘴，红过脸。老太太说自己活在天堂里。可等到将来哪一天自己上了西天，想这个家，怎么办呢？说到这儿就掉眼泪了。

打牌是老太太平生一大好。可是她七十岁后，打多了便要歇一会儿。几个孩子便在堂屋一角，给她支了一张软榻，她累了，就倚在榻上伸伸胳膊腿儿，有了精神招呼闺女媳妇接着再来。反正全家人对老太太一呼百应，只顺不戗，每天最后一把牌都要叫老太太和。

齐老太太的两房媳妇人都不错。平时，丈夫出去干活，都在家中料理杂事，哄孩子玩，一人一天轮流做全家的饭菜，还一起伺候婆婆，陪着玩牌。玩牌对谁都是乐事，一边玩，一边说闲话，吃零嘴，喝茶；玩牌不玩钱没劲儿，可这家人的钱都不多，赢输也不过三五个铜子儿，大半都"输"给了老太太。玩牌时，老太太爱在身边放一把痒痒挠子，她只要等牌和，后背就痒痒；闺女老三有个小圆镜，时不时照一下自己；大儿媳爱放一盒洋烟，烟瘾上来憋急了，抽几口；二儿媳特别，总把手上一个金戒指摘下来，放在一块手帕上，她怕洗牌时总磨这戒指。她是穷人家的闺女，这金戒指是她当年最金贵的陪嫁。虽然只是一个圆箍，没做工，但够粗，颜色很正。

天天打牌，这戒指天天放在她右手一边。可是一天，她抽空去灌暖瓶回来时，忽然"哟"一声，戒指没了。她找，别人帮她找，桌上地下找，一遍遍找，居然就找不着了。老太太说：

"甭急，自己家还会丢东西？细找找。"

二儿媳就这一件宝贝，丢了自然心急，还有火，忍不住冒出一句：

"就出去灌水这一眨眼的工夫，光天化日的怎么会没，除非闹鬼了。"

丢东西的事一出来，本来就叫在场的人心里发毛。大儿媳有点沉不住气，说：

"哎哟二妹，我挨着你，你说闹鬼，可别是说我拿的。"

二儿媳说："你干嘛往你身上揽，我能说谁？只能怪我不该把这么值钱的东西撂在桌上。"其实这都是些着急的话，可现在你一句我一句，就都是往火上浇油了。

话再说下去，就会戗起来。

齐家从来没出过这种事，最坐不住的是老太太。她脸色像张纸，忽然双手把桌子一推，这么大年纪，居然推出半尺远。她大声说：

"现在谁也别出屋，你们给我翻箱倒柜地找，相互别客气，搜身！我不信找不出来。我不信我齐家——关着大门会丢东西！"

老太太头一遭发火！

大伙乖乖地按照老太太的话做。把屋里从明面到暗处，再到犄角旮旯，每一寸地界全都细细找过，连老太太歇身的软榻也拉出来，翻一个儿。姑嫂相互之间，头一次上上下下里里外外搜身。那一瞬，齐老太太把双眼闭上，好像死了一样；她心里觉得这个家该是好到头了，要毁了。无论这戒指在谁身上，一翻出来，全是给这家捅上一刀。可是奇怪的是，戒指还是没影儿。连条案上的花瓶全扣过来，还能跑到哪儿去？真还是应了二儿媳那句话——除非闹鬼了！

闹不闹鬼不知道，反正一股阴气从此罩住了齐家。先前那股子劲儿没了。人人各有心事，相互之间没话；若是说话，也是没话找话，若是笑笑，全是作假。谁知谁怎么想的？虽然吃饭还是同桌，但像在大车店里各吃各的。老太太的牌局还摆，却打不起劲儿来。一天老太太忽然哗啦一声把牌全推倒了，阴沉着脸说："我气力不济了，打不下去了。"就此停了牌局。牌局一停，齐家冷清了一大半。

老太太心里那些画儿，也就一幅幅扯下来。

谁也不知该怎么把这局面扳回来，反正那金戒指找不回来，事情就过不去。一天，老三对她大哥说：

"二嫂那金戒指会不会叫猫叼去了？"

老大说：

"你倒真能琢磨，还没听说猫叼金子呢，又不能吃。再说，叼到哪儿你知道吗？找得回来吗？"

这事肯定死在这儿了，永远没人知道。

可是一天晚饭后，老太太趁着全家都没离开饭桌，忽然对大家说：

"我要跟你们说一件事。你们听好了！二媳妇那戒指的事你们别再瞎猜，戒指是我拿的！我有急用。你们也甭问我拿去干什么用了。回头我会想办法把这事圆上。"

老太太这话像晴天打雷，全家脸对脸看着，不敢相信。可是，老太太一辈子没说过半句谎，她的话从来不会掺一点假。不论她说什么，大家全信。再说老太太的话也有道理，丢戒指那天，人人都搜了身，没搜身的只有老太太本人。当时谁也不会去搜她呀。如果不是她拿的，好好一个金戒指跑哪儿去了？如果是她拿了，怎么拿的？拿去干嘛用了？

老太太不说，没人敢问，也没人敢议论。可是从此，不知不觉对老太太的感觉就变了，她怎么能偷自己儿媳妇的东西呢？想都不敢想。素来对老太太的敬意，自然少了几分。这一切，老太太嘴里不说，心里有数。虽然她把事情的真相撩开，彼此的猜疑和别扭没了，可是从此她在这家里老老少少眼中，脸上没光，说话差劲，身子矮了半截。人就一下子老下去许多。往后很少出屋了，吃饭都是叫老三把饭菜端到里屋，不愿别人看到她。她是不是没脸见人？

一年多后，老太太过世。

齐家办过丧事，整理正房。当拆掉堂屋一角的软榻清扫地面时，老三忽然发现地砖缝里有个东西亮闪闪，她有点奇怪，蹲下来，从头上拔下簪子把这东西拨出来一看，大声叫喊兄嫂，大家过来一瞧，全都大吃一惊！原来就是那只丢失的金戒指，原来它一直好好地待在这儿！

在丢戒指那天，这地方也都找过，只是因为那时是下晌，屋里没有阳光，自然看不到。现在是晌午，一道阳光射进来，正好照在这砖缝之间，金戒指便灿然夺目地重回齐家。

这才是真的真相大白。

老三流着泪对着这戒指说：

"你干嘛躲在这儿了？你要了我娘的命啊！"

这家人想到这位大仁大义的老太太，为了全家人的和和气气抱团不散，有难独当，忍辱负重，郁闷至死，不知不觉全都淌下泪来。

兄拐其妹

孫長順靜海人寄居南關拉車為生其妹歸與劉起鵬為妻過門二年餘孫於月前回家將其妹拐出匿於天津某戚家意圖轉賣孫長順之母後在靜邑待劉起鵬控告已管押被拐其兄劉起鵬訪聞被拐未津於今年在南河順批獲後崩帶局轉送當到廳訊歸矣

旗杆子

旗杆子

过去，天津人把个头高的人，叫大个儿；把个头极高的人，称呼旗杆子。这因为那时天津卫最高的东西是娘娘庙前的一对大旗杆。据说这旗杆原先是一艘海船的桅杆，高十丈。嘛时候移到这儿来的，其说不一。反正站在它下边使劲往上仰头，直仰到脑袋晕乎，还是瞧不清旗杆子的尖儿伸到哪儿去了。

可是，真正称得上旗杆子的，还得是家住锦衣卫桥边的一个人。他有多高？至少比一般人高四个脑袋！鸟儿飞低了都会撞上他。他过城门时必得走在正中间，城门洞是拱形的，中间最高，靠边走就得撞上。东门上沿的左边缺半块砖，据说就是他的脑袋撞的。人都这么说，信不信随你。

他很小的时候就被人叫旗杆子了。十二岁已经高人一头，十四岁高人两头，十八岁高人三头，二十岁高人四头。人高，胃就大，饭量如虎。别人一顿饭顶多吃三个馒头，他吃八个，还得喝四碗粥。

男人向来靠干活吃饭，可是能叫他干的活儿只有三样：盖房子时往高处递砖头瓦片，擦洗店铺门上边的招牌，天黑时点路灯；别人用梯子的事他全不用，可是这种活儿并不常有，这就得叫他饿肚子了。然而，他饿肚子，并不全是活儿少，还因为他怕见人。他走在大街上，孩子们总拿他当作怪物，笑他，骂他，用石头砍他。他怕人们见到他时，露出的那种吃惊和嘲笑的神气。他从不招惹任何人，人人却可以招惹他。这也怪不得别人，他确确实实高得吓人。一天夜里他一手提个油罐，一手举着一个小火把点街灯时，迎面过来两个人，黑糊糊撞见了他——一个巨大的比房檐还高的黑黑的人影，吓得这两个人大声尖叫，手里的东西掉在地上也不要了，失魂落魄地掉头就跑，好像撞见了鬼。

他平时躲在屋里，很少出门，甚至不到院中。别人在院里，如同羊在圈中，墙外边看不到；他在院里，好像马在栏里，上半身高出墙头，外边全看得见，十分滑稽，谁见谁笑。逢到这时候，他赶忙猫腰钻进屋，常常还会哐的一头撞在门框上。

这么大的人，天天窝在家中。在屋里没法站直，长胳膊大腿没处放，他也没有劲儿动弹，肚子和饭锅全是空的。锅空了没声，肚子空了咕咕叫。饿极了只有硬着头皮出去找活儿干。河边有装船卸货的活儿，他干得了吗？别人扛到肩上的活儿，他要扛起来，得像举到房顶上；肚子里没东西身上哪儿来的劲儿？

他怕人，从不和人说话，好像天生不会说话，只有房前屋后几家邻居碰见时，点个头。没人到他家串门。好像他一个人就把屋子填满了，谁还挤得进去？因此，谁也不知道这个大怪物怎么活着，也没人关心他的肚子，最多是闲聊时说说他会娶老婆吗？谁会嫁他？他要是有老婆只能跪着亲嘴，干那事时——中间找齐。

清明后的一天，他上街找活儿干，像没头的苍蝇那样到处乱撞，忽有两个穿戴像模像样的中年人笑嘻嘻迎面走来，仰着脸问他：

"我们给你一个活儿，一天三顿饭管饱，外加五个铜子儿，你干吗？"

旗杆子一怔，他不信有这种好事，多半拿他找乐。他问：

"嘛活儿？"

这两人说，他们是西头公园的，给他的活儿是站在公园门口收门票。游客在售票房买了票，来到门口把票交到他手里，他收了票放人进去，就这么简简单单一件事，别的嘛也不干。真有这种好事，还管三顿饭吃？是不是天上掉馅饼了？他天天最苦的事是挨饿，有吃的还有什么不行，当即答应了。

没想到他一答应，那两人就笑了，其中一个留八字胡的人说："我们早听说你的大名，已经找了你二十多天，今天运气，把你撞上了，明天一早你就来上工吧。"

旗杆子还是猜不透这到底是嘛差事。

转天他到了西头公园，他的差事确实如那两个人说的，再简单不过。只站在大门口收门票，别的任嘛不干，还有三顿饱饭吃。他每顿吃十个馒头居然也没人管。这样，天天吃得肚子像个石鼓，梆梆硬，睡觉前得喝半壶凉水，化开肚子里的东西，身子才能放平躺下。他愈想愈不明白，这种事谁不能干，为什么偏找他这个大饭桶？游人个子矮一点，还得踮起脚，才能把票撂在他手里。

可是，渐渐这件事的缘故就清楚起来。

自从他站在公园门口那天开始，来公园的游人就一天比一天多起来，一传十十传百，半个多月后，游人居然翻了两三番。那天把他请来的留八字胡须的中年人姓郝，是公园的园长，说他衣服太破，还有补丁，像个超大乞丐，站在那儿不好看。就请来裁缝给他缝一件干干净净的蓝布长衫，用的布比公园客厅的窗帘还长。头发剪成平头，还给他特制了一顶皮帽檐的制服帽，大小能给酒坛子当盖儿。这么一装扮，稀奇又好玩。郝园长来了兴致，锦上再添花，用彩带给他缝个胸花，别在当胸。这样，他在公园的大门前一站，即刻成了一景，全城各处的人都跑来看。更好玩的是买张票，举起来，撂在他蒲扇般的大手的手心时，他会发出公牛般粗重的"哼"的一声，表示你可以进去了。来到西头公园的人，不只站在公园外边看他，都要买张门票递到他手里，好跟这大怪物打个交道，尝一尝这世上难得的神奇。公园就赚大钱了。

旗杆子成了一宝。这不能不佩服郝园长的好点子、好主意、好脑子。为了叫旗杆子变得更高大，更神乎，更有光彩，就得叫他胖起来壮起来。郝园长叫厨子给他菜里加些肉骨头和鱼脑袋，旗杆子从小也没这么吃过，顿顿如吃山珍海味，天天吃得周身冒火。腰身很快宽了一倍。原先像棵木杆，现在成了大树。这一壮，更威风。

可是，这就叫公园里其他人心生忌恨。暗地骂他这个没人要的怪东西，居然跑到这儿吃鱼吃肉，成了人上人。人要是遭了忌，麻烦跟着就会来。

天津卫有钱的人多。有的人见到这个天下罕见的巨人，兴奋惊奇，便会给一点赏钱。旗杆子收下后，知道这钱不该归自己，不管多少，尽数给了郝园长。可是这事到了别人嘴里就变成另一样，说他私藏了不少赏钱。这些坏话三天两头地传到郝园长的耳朵里。一次不信，两次不信，不会总不起疑。

郝园长说：

"你们总把人往坏处想。他藏钱你们看见了？"

没想到有人等到一天公园下班旗杆子走后，把郝园长带到大门口的门柱边，支上梯子，叫郝园长爬上去看。这墙柱顶端有一个铜球，铜球底座下边竟然掖着一些钱，有铜子儿、银元，还有一张洋人的纸币。旗杆子比墙高，铜球在他身边，只有他才能把这些钱藏在这里。

郝园长火了，第二天仍旧怒火难抑，把旗杆子叫来劈头盖脸一通骂。骂他忘恩负义，骂他大个子不傻心奸，骂他小人。旗杆子站在那里，嘛话没说，也不分辩，表情发木，只是脸不是色儿，最后他把长衫脱了，帽子摘了，扔在郝园长屋里转身走了。

从此，西头公园再没他的身影。却有两段关于他的传闻，被人们说来说去。一是说他偷东西，被郝园长当场抓获，送进局子。一是说他人高是假，长衫里踩着高跷。第二段传闻没人信，谁会作这种假，有嘛好处？第一段传闻也很快叫郝园长辟了谣。

郝园长是有脑子的人。等事情闹过去，他便琢磨，那钱真是旗杆子藏的吗？如果是，为什么不拿回家，干嘛掖在墙头上边？他暗想，是不是有人做手脚，成心给这个吃鱼吃肉、出了风头的傻大个子搅局？可是，旗杆子离开他这儿之后，哪里还能找到一天三顿的饱饭吃？

这事对郝园长也是一样。旗杆子一走，他的公园好像荒了。不要门票也很少有人来了。前些日子旗杆子往公园门口一站，那是什么光景，像天天办庙会。他不能没有旗杆子！这就又跑到老城内外去找旗杆子，就像头年撞见旗杆子之前那样四处找他。一连找了十天，虽然没有找到旗杆子，却在锦衣卫桥那边找到了旗杆子的破房子。一扇门死死锁着，敲了半天没动静。郝园长找人打开门一看，叫他惊呼出声来。只见旗杆子仰面朝天躺在床上，上去一摸身体冰凉，已经断了气儿，不知嘛时候叫阎王爷接走的。郝园长发现他身子板平，肚子的地方凹了下去，肯定是饿死的，他动了良心，后悔那天一气之下辞退了这个被冤屈的大个子。辞了他，实际上是断了他的活路。

郝园长打听房前屋后的邻居，没人知道旗杆子的身世，只听说过他的一点零碎。诸如他家是山东鲁西南的沂蒙山人，从南运河来到天津，父亲给人扛活，父母早已死去，没有手足，也无亲友，孤单一人。那么谁来葬他？郝园长心里有愧于旗杆子，出钱给他打了一口松木棺材。大木板子钉的，没上漆。他身高八尺，棺材八尺半。棺材铺老板抱怨从来没打过这么大的棺材。

可是，棺材打出来后，旗杆子却放不进去，量一量尺寸没有错，为什么放不进棺材，难道死了的旗杆子居然长了一块，比棺材还长？棺材铺老板惊奇地说，这事从没见过，也没听说过。人死了本该抽抽，怎么反倒长了一截？这傻大个子真有点奇了！

人间容不得高人，只有死后再去长了。

于是，郝园长又加点钱，把棺材加长一尺，才装了进去。旗杆子无亲无故，入殓时没人，郝园长也不愿意看，只是雇人草草埋在南门外乱葬岗子里完事。

从此，此地再无高人，亦无奇人。

2019.10.29，曼谷到天津机上

哑口无言

天津府审枝讯永寿恒等各节已
讯前报兹卷又于二百十三点钟提
讯至三点余钟退堂闻陈逵究永
寿钱等各账目云○大前天津县孙锦于昨
日午前将陈塘庄孙吴耕锦张永
泰何有戴王国安及破捜人吴漏一
绑拿送八府署归案质讯吴漏
供称强买陈姓等地每亩价银二十
两复大人问做的有我跟着孟真
说话富经在兹地方闷吴漏云壶
你们人说二千一钱不卖也得卖吴漏
吴漏不能答后经府尊饬候明日
再讯传陈姓等质讯将吴漏交锦管
押饬吴耕锦等四人具保候讯○又
闻有被害绅禮耆之高锡九现已
着押候讯

后记

　　前两年写过本书的第二集，决定不再接着写了，缘何今日又把这本第三集写出来？细想起来，缘故有三：

　　一是《俗世奇人》是我小说中一种特殊的写法，每篇一两个人物，依托一个巧妙的故事，故事常源自人物性格的非同寻常；而这些人物虽然性情迥异，却都有天津地域文化的共性。我喜欢天津人这种集体性格。

　　二是我在《俗世奇人》写作中找到一种语言，不同于我写其他作品的语言。即在叙述语言中加入了天津人的性格元素，诙谐、机智、调侃、斗气、强梁，等等。这是《俗世奇人》独有的。我用这种独特的语言写东西很上瘾，瘾一上来，止不住时就会写。用这种语言写作时常常会禁不住笑出声来。

　　三是天津这地方的市井民间，好说奇人异事。故常常会有东西惹动文学神经。我在这城市中活得岁久年长，好玩的人有趣的事听得见得太多太多。每有触动，便会记在身边构思的本子上，心血来潮时就付诸笔端。

　　由此而言，会不会接着再写？不好自我预估。反正每写完一批"俗世奇人"，都渴望打一枪换一个地方。

2020年1月8日

《醒俗画报》（插图解释）

清代末期，上海和天津等一些大城市，一方面随着城市化的进程加快，一方面缘自西方印刷术的传入，现代媒体油然而生。与文字媒体一先一后进入社会的是大众化的石印画报。

上海最出名的是《点石斋画报》，天津百姓喜闻乐见的是《醒俗画报》。说起"醒俗"，就要提到当时的社会。由于政治的软弱，世风萎靡，外侮日切，一些有责任感的文化人便站出来，或兴办教育，或立坛宣讲，或创办报刊，主张铲除社会陋习与种种痼疾，开启民智，振兴中华。在这样的背景下，就不难看出《醒俗画报》中"醒俗"二字的立意了，那便是要把民众从习惯而不自觉的种种陋习中唤醒，承担起共同兴国的重任。

《醒俗画报》和上海的《点石斋画报》，都创办于光绪年间，也同样使用单面有光的粉画纸和当时先进的石印技术，方形开本，每本十张折叠页，每页两面印刷，凡二十图，十天一期。刊物一开始就有鲜明特色。它面向大众，内容全是图画新闻，大至时政要事，小到市井信息；识字者看字，不识字者看图，很像大本的"小人书"，物美而价廉，一时颇受欢迎。故而很快就改为五天一期，一月六期。

《醒俗画报》的主办者是几位新学的倡办者。社址设在西北城角自来水公司旁一座小楼内，后迁到城内广东会馆附近的平房里，条件简陋，但主笔却是津门一位知名的文化人陆辛农先生。

陆先生个子不高，为人爽利，能书善画，喜欢植物学和制作标本，精于小写意花卉。记得我年轻时在国画研究会工作，见过他几次。他年事虽高，却说话朗朗有声，十分健谈，喜欢开怀大笑。他对津门掌故知之颇多，常在报端发表文章，笔名"老辛"。文章中怀古论今，总是包含许多珍贵的史料细节，观点也很开放，他属于那个时代的开明人士。因而他主编的《醒俗画报》，自然是内容鲜活、视野开阔了。

《醒俗画报》还邀请一位名叫陈懿（字恭甫）的画家作图。陈先生是一位市井名家，善画时装人物。这在当时充斥古装仕女和山水花鸟的画坛上是很难得的。陈恭甫的画很写实。他虽然不像上海吴友如那样精工细致，却密切配合新闻，画得很快，半工半写，但极有生活气息。在今天看来，画中许多场面，都是今日再难见到的历史生活的图景。

《醒俗画报》具有很强的批评性，这是上海的《点石斋画报》所不具备的。它始自创刊，每期封面都是一幅"讽画"。用辛辣而幽默的笔法，鞭挞丑恶，抨击时弊，特别是直接针砭官场的种种腐败，在当时是颇需要勇气和胆量的。这些直接介入生活与现实的办刊方针，贴近了百姓的所思所想，自然受到世人的欢迎。尤其当时"漫画"一词尚未流行，讽画应是最具时代精神的新型画种。

也正为此，《醒俗画报》经历了一次很大的挫折。

1906年初夏，庆亲王之子载振赴黑龙江视察而途经津门，天津南段警察局长段芝贵为了谋求黑龙江巡抚职务，用巨金买伶人杨翠喜向载振行贿。这桩"美人贿赂案"

惊爆于世后，津门画家张瘦虎画了一幅讽画名为《升官图》——这应是中国漫画史第一幅反腐败的漫画了。他投稿给《醒俗画报》，揭露这一丑闻。刊物的主办人吴子洲胆小怕事，阻挠这一图画新闻的发表，因之主笔陆辛农与另一刊物主办人温子英愤然而去。一时此事也成了新闻。

后来，解体后的《醒俗画报》改名为《醒华画报》。馆址迁至当时的奥租界大马路（今建国道）。办刊的方针并没有改变，一直坚持着《醒俗画报》创刊以来锐意批评的思想倾向。尤其是在图画新闻上的自由评点，犀利而尖刻，为全国任何同类刊物所不及。此外，还增加了绘图小说、科技常识、趣味猜谜等内容，更符合大众生活的需求。至于封面图案，一直采用讽画，风格一如既往。《醒华画报》的寿命不短，从清末跨时代地一直办到民国初年（1913年）。

陆辛农与温子英离去后，在日租界旭街德庆里内另办一份《人镜画报》，开本比《醒华画报》略略横长一点，只是文字采用了新式的铅字印刷。办刊主张和《醒俗画报》没有两样，也是用讽画来做封面，只是增加了文字版面，更适合识字的人阅读。相对平民性也就差一些。

这样，一时天津就有了两份画刊——《醒华画报》与

《人镜画报》。

在中国封建时代的最后几年，天津出现的这些画报，显示了这个城市文化人对国家命运的关切，以及自愿担当的唤醒民众的责任，而且敢写敢画，富于勇气。今日读了，仍心生敬佩。

由于《醒俗画报》和《醒华画报》的一些图画具有很强的真切性与生活气息，这里便选择其中若干作为本书的插图。图中内容与小说的故事并不相干，但文耶图耶却都属于同一时代。这样做的目的，乃是想有助读者进入、感受与认知那个时代是也。

2008年6月

醒華